星座小熊
BluesBear
© Starring Ideas Inc.,Ltd.

7/23~8/22
第一本星座書

獅子座
給我面子萬事扛

作者◎
FB 粉絲 70 萬的人氣插畫家
星座小熊
暢銷星座書作家
曾新惠

今夜星光燦爛

星座之於人生，就像一道又一道的美食——

有時你會因為溫暖味蕾的甜味而感覺幸福滿溢，有時你會因為嗆衝腦門的辣味而涕淚齊發，有時你會因為直入心底的苦味而五官扭曲，有時你會因為刺激強烈的酸味而起雞皮疙瘩……這些五味雜陳，就像星座顯現的人生滋味，隨時在你心中發酵、迴盪。

某一段時間，你可能手氣大順、得意忘形，此時，就會有帶著考驗、壓力、限制意義的星星，現身來平衡你高張的氣餤；某一個時刻，你可能挫折不斷、失意沮喪，此時，就會有帶著幸運、慈愛、溫暖意義的星星，現身來平衡你低落的信心。

星光閃閃，每一顆星都有屬於自己的特質和使命，它們看似不相干，卻緊密相連，交織出一張張精彩美麗的人生星圖，猶如這世上變化萬千的各種滋味，總是讓人百般回味，心神滿足！

目錄 · CONTENT

獅子與各星座的美味關係

◇◇◇◇◇◇◇ **星座八卦站** ◇◇◇◇◇◇◇

獅子與各星座的愛情協奏曲

◇◇◇◇◇◇◇◇ **星座八卦站** ◇◇◇◇◇◇◇◇

12 種上升星座，12 種獅子

怎麼辦?獅子~

◇◇◇◇◇◇◇◇◇◇ **星座八卦站** ◇◇◇◇◇◇◇◇◇◇

PART 1

說到獅子座

以最完整的分類方式,

掃描一遍獅子的各項基本資料,

讓你快速掌握獅子的關鍵特質。

 **獅子速寫**

生日：7/23~8/22

符號：♌

英文：Leo

守護星：太陽

守護神：阿波羅

性質：陽性

屬性：火象星座

宮位：第 5 宮

宮位性質：固定宮

代表詞彙：我決定

數字：5、9

星期：星期日

顏色：金色

花朵：向日葵

寶石：紅寶石

材質：金

物品：色彩鮮豔的物品

身體部位：心臟

偏愛場所：五星級飯店、舞廳、高級 SPA

優點：慷慨大方、領導力、講信用、真誠正直、
　　　　熱情、感染力

缺點：愛面子、驕傲自大、奢華、強調排場、能
　　　　伸不能屈

性格原罪：驕奢

契合星座：牡羊、射手

對立星座：水瓶

緊張星座：金牛、天蠍、摩羯

中立星座：雙子、巨蟹、處女、天秤、雙魚

◈ 神話由來

　　天后赫拉對於宙斯的外遇耿耿於懷，對宙斯的私生子海格力斯施了詛咒，讓他失去理智，做出許多悔恨一生的惡事。痛苦不堪的海格力斯請馬西尼國王尤里斯收他為奴，國王要他完成十二項艱鉅萬分的苦行任務，第一項就是殺死一隻刀槍不入的猛獅。雖然，雙方實力相當，纏鬥許久，但海格力斯最後仍打敗了猛獅，凱旋回歸馬西尼，而獅子的形象化身則被置於天上，成為星

座之一。

◈ **愛情觀**

　　受不了清淡平凡的愛情模式，非要把一段感情談得轟轟烈烈，讓全世界都知道，才覺得過癮；對愛人很大方，但主導意識很強，對方在接受厚禮的同時，也要懂得回以甜言蜜語，才不會讓感情破局。

◈ **人際觀**

　　很重視朋友，願意為朋友解決疑難雜症，也喜歡和朋友分享心底真正的想法，為人誠懇直率，但因為具有愛扮演王者角色的天性，所以常會顯露出囂張、強勢、狂妄的氣燄，讓人難以消受。

◈ 金錢觀

　　喜歡做大事、灑大錢的派頭，對於錢太少的工作沒興趣，平時花錢更是大手筆，講究排場，厚了面子、扁了荷包。投資方面，一聽別人說好機會就全數下注，屬於走短線的投機型投資者。

◈ 工作觀

　　喜歡稱頭響亮的頭銜，是否有實際職權，不在乎；喜歡光鮮亮麗的工作，是否有實質意義，不重要。工作要像作秀，而不是作苦工，自己覺得開心最重要，那些煩人的問題和業績，就先放一邊吧。

◈ 職業

　　演藝工作、大型遊樂場、健身房、娛樂業、政治家、經營者、廣告設計、舞者、金飾店、珠寶業。

◆ 名人代表

男性：吳念真、童安格、蔡振南、庾澄慶、庹宗康、柯叔元、魏德聖、吳建豪、潘瑋柏、柯文哲、彭政閔、李嘉誠、陳奕迅、甄子丹、孫紅雷、陳凱歌、王一博、李銘順、拿破崙、榮格、蕭伯納、路易威登、亨利福特、希區考克、勞勃狄尼洛、阿諾史瓦辛格、歐巴馬、速水茂虎道、藤岡靛、孫正義

女性：鳳飛飛、張小燕、張惠妹、孫燕姿、劉品言、許瑋甯、吳映潔、吳姍儒、鄭秀文、鄧紫棋、王菲、瑪丹娜、J·K·羅琳、天海祐希、米倉涼子、戶田惠梨香、北川景子

一天一種獅子座

7月23日

有時對自己極度缺乏自信，有時又對自己信心十足，情緒起伏大，可能因為找不到適當的著力點而身陷痛苦，無法自拔；無論面對什麼階級和身分的人，都能保持君子風度，給人寬容大度的溫和感，在群體中是領導人物的熱門人選，常被賦予眾望。

7月24日

才華洋溢，可同時精通各種才藝，對於藝術的學習力特別強，品味高，具有獨特的天分；沒耐性，急著趕往目的地，無心留意路上的風景，失去許多創造人生驚喜的機會，非常可惜。

7月25日

　　過於縱容自己，想做什麼就做什麼，完全不顧慮他人的立場，就算事後願意道歉認錯，但傷害已經造成，一切都來不及了；與人相處，誠摯懇切，不耍心機，不多猜疑，強調互信原則。

7月26日

　　極具權威感，有雄偉的野心和遠大的眼光，能見人所不能見、為人所不能為，雖然也有能力不及之處，卻早已被熱情開朗的性格掩蓋，沒有人會鑽牛角尖地計較或挑剔；喜愛奢華，花錢不眨眼、揮霍不手軟，對於金錢沒什麼概念，只有花得爽不爽，沒有存款夠不夠的問題。

7月27日

做人有原則，講信用，而且愛面子，所以只要答應別人的事，一定會傾全力完成，重名聲甚於一切；一不小心就顯露出自封為王、賣弄權勢的嘴臉，讓旁人覺得很不舒服，造成人際障礙。

7月28日

喜歡回憶過去的豐功偉業，動不動就提起當年勇，讓人覺得好像在講古，聽多了會有些生厭；表面看起來不可一世，其實性格偏向膽怯、害羞，遇到困難容易退縮，一不如意就意志消沉，需要旁人的鼓勵。

7月29日

具有激勵人心的特質，尤其當大部分人都失

去方向時，只要登高一呼，就能攏聚群體力量，重燃希望之燈；擁有一點小功勞就沾沾自喜，得意忘形，必須加強自己的成熟度，才能避免走上失敗之途。

7月30日

特別喜歡沉醉在歡樂熱鬧的氣氛之中，對於安靜的環境敬謝不敏，越是人多的地方，越能挑起身體裡歡愉極樂的神經，完全釋放自身能量，散發萬丈光芒；喜歡跟別人爭論，希望大家都聽命於你，自以為什麼都對，眼裡只有自己的優點和他人的缺點，十分自戀。

7月31日

對人慷慨大方，願意給別人空間，信任他人，雖然有點愛擺派頭、喜歡當老大，但不會做

得太過分，還算有分寸，所以人緣佳，也受人尊敬；做錯事時，常因拉不下臉認錯，反而惱羞成怒，讓人留下喜怒無常的壞印象，容易暴怒成為性格上的一大敗筆。

8月1日

信心滿滿，即使負面力量自四面八方來襲，也不以為意，心裡有一股天不怕、地不怕的浩然正氣，無論遇到什麼妖魔鬼怪、烏煙瘴氣的事，都能化險為夷，高掛勝利旗幟；脾氣不好，有強迫他人的傾向，團體中要是有人提出不同意見，就氣急敗壞、暴跳如雷。

8月2日

全身散發炫麗的光彩，不管走到哪裡都是人群中最閃亮的焦點，有演戲的天分，舉手投足皆

充滿魅力；好大喜功，剛愎自用，驕傲的氣燄讓人覺得受不了，總要等到失敗才肯冷靜下來好好自我檢討。

8月3日

極沒耐性，討厭繁複瑣碎的事，一旦覺得麻煩就直接丟下不管，不負責任；具冒險精神，講義氣，只要有人需要幫忙，二話不說就大方伸出援手，不吝於與人分享自己所擁有的物質或精神資產。

8月4日

心胸寬大，對於別人的過錯，不計較、不計仇，仁慈溫和，具大將之風，能讓人產生安全感；強烈的優越感雖能為自己帶來信心，卻也同時給了他人強大的壓迫感，阻礙人際關係於無

形，應自我收斂。

8月5日

　　主導能力強，尤其在群體氣氛慌忙紛雜時，更能突顯其指揮若定、臨危不亂的氣勢，是不可多得的領導型人才；像一隻花蝴蝶，到處招搖、四隻招惹，容易引發牽扯不清的桃色糾紛，不可輕忽。

8月6日

　　努力突破保守、呆板的窠臼，展現強勁的創造力，無論是對生命的追尋或對未來的期待，都充滿了無限希望；喜歡豪華排場和華麗氣氛，將自己設定為王公貴族，不甘被視為凡夫俗子，易受錢財權勢的誘惑。

8月7日

　　積極向上，對世界的所有事物都充滿好奇與熱情，學習力強，能在很短的時間內習得一項才能，並達到一定的水準，經常受人稱讚；不夠沉穩自持，一旦踏進花花世界，就如脫韁野馬，非要跌得遍體鱗傷、傷得痛澈心扉，才願意停下腳步，認錯改過。

8月8日

　　對於喜歡的事物與不喜歡的事物，態度天壤之別，可以從一個熱情有勁的人，變成滿口謊言的逃避者，但是對人則不會有類似的問題；同情貧困勢弱者，具俠義精神，痛恨不公不義之事，對於看不慣的事，即使與自己無關，也會勇敢挺身而出，誠懇正直，受人歡迎。

8月9日

　　能伸不能屈，只要感到一點委屈，就立刻展現怒獅狂吼的悍勢，想不出有效的解決辦法，就把氣發在旁人身上，不夠有擔當；在團體中的感染力極強，一舉一動都能成為別人學習的目標，容易帶動風潮，對於吃喝玩樂的享樂生活特別有天分。

8月10日

　　無法處於安靜或閒適的環境，喜歡忙著與人互動、找事做、想新創意，好處是活力十足，壞處是缺乏自省能力，不易看到自己的缺點；愛現、自負，對於別人的批評不以為意，樂觀果決，只做自己。

8月11日

開朗，有自信，平時熱心助人、大方、有氣度，自己有麻煩時，朋友也都願意情義相挺，顯示做人很成功，受大家喜愛；喜歡享受，吃不了苦，持續力不佳，一遇到瓶頸或困難就放棄，需加強改善。

8月12日

勇敢，有智慧，衝勁十足，但有時讓人感覺過於專橫無理，在完成任務、締造佳績的方面，表現優異，難被挑剔，但在人際關係方面，則常出現危機，不易化解；動作誇張，說話生動，頗具戲劇效果，能在最短的時間內吸引眾人目光，天生就是亮麗的發光體。

8月13日

學習力佳，但耐力不足，多才多藝，但都不甚專精，熱力四射，但只用在和玩樂有關的事情上；投資理財方面，具有獨特天分，只要找出適合自己性格的操作策略，就能悠遊於各種數字、指數之中。

8月14日

有喜歡控制別人、駕馭他人的傾向，雖然自己覺得是在為大家著想，但因為說話的口氣和做事的方法太強勢，導致令人反感、大家都不願領情的下場；熱情開朗，正面思考，頗具行動力，喜歡生活在群體裡的感覺，雖偶有挫折或沮喪，但很快就能恢復精神，繼續向前衝。

8月15日

　　樂觀中帶著謹慎的態度，無論做什麼事都不會百分之百的放手，總是邊做邊觀察、邊走邊留意，雖然少了一點向前衝的速度感，但卻讓人覺得放心、可靠；為了展現自己的能力，喜歡插手去管別人的事，完全沒有顧及到對方的感受，自以為熱心，其實對方根本不領情。

8月16日

　　要克服心急、衝動的性格，才不會有收拾不完的殘局，這雖然是一項艱難的任務，但卻是讓自己能力大躍進的最有效方法；喜歡把快樂建築在他人的痛苦上，惡作劇過了頭，終有一天，倒楣的就是自己。

8月17日

以為每一個人都和自己一樣熱情，其實是自己想法過於天真，等到事情的發展和預期有所落差時，打擊會特別大，甚至一蹶不振；有先見之明，事前準備功夫做得周到、澈底，即使遇到緊張狀況，也不慌張失控，能夠冷靜地度過危機，有令人欣羨的智慧和判斷力。

8月18日

對他人的要求相當嚴格，有一點嚴以律人、寬以待己的味道，尤其當自己若處於領導者的位置時，容易發生眾人不服、群起反抗的情形；組織能力很強，能在一團混亂中快速找到適切的規則和節奏，雖然有時手法略顯粗糙，但表現已經贏過大部分人，值得稱許。

8月19日

執行能力很強，團體合作更甚於單打獨鬥，雖然在過程中會發生許多意想不到的難題，但終能一一克服，實力堅強；不要與他人有任何借貸關係，即使是親朋好友也該嚴守原則，才能躲過不必要的災難。

8月20日

勇於追求夢想，不論環境多險惡、路途多艱苦、目標多遙遠，依然信心滿滿地努力向前，一定會有成就；太相信別人，老是被傷害，應學習防人之心不可無的道理，否則只是寵壞了小人、便宜了爛人。

8月21日

脾氣急躁，容易與他人發生衝突，雖然事後總是懊悔不已，但怎麼都無法記取教訓，或許隨著年紀的增長與性格的成熟，情況會漸有改善；是一個講信用的人，所以不要輕許承諾，以防因發生意外狀況而無法完成付託時，讓自己壓力過大，痛苦不堪。

8月22日

常常連問題出在哪裡都搞不清楚，就橫衝直撞地找答案，結果當然都是白忙一場，虛耗精力，應該先學習冷靜思考；有創新的思想和完美的分析能力，適合擔任組織中領導者的角色，但切記不可急功近利。

PART 2

遇見 4 種血型的獅子座

星座和血型就像連體嬰，

談到星座，免不了要把血型拿出來講，

那麼，乾脆就讓它們大合體，

擦出更眩目的火花吧！

A型獅子

　　獅子自信狂妄、樂觀大膽，認為只有華麗的排場和浩大的聲勢，才足以匹配自己崇高的地位和身價，眼睛僅能看見眾人敬佩的神情，耳朵僅能聽見眾人如雷的掌聲；A型容易緊張、總是畏縮，稍微犯一點小錯就嚇個半死，別人都還來不及提出批評，自己就先舉白旗投降，立場全失，自信全無，難以擔當大任。

　　獅子沒耐心坐下來聽一個滿腹委屈的人慢慢吐苦水，但卻樂於為朋友征戰沙場，奪回失土和公道，喜歡大氣魄、大場面，具有旺盛的企圖心和行動力；A型把正在經歷苦痛、沮喪、抑鬱的人，視為同是天涯淪落人，對於這些人的難過和悲傷，絕對感同身受，只是除了拚命安慰對方之外，似乎也提不出什麼有效的實質建議了。

獅子的殺氣、暴躁、誇張和驕傲，經由 A 型內斂、穩重、平靜和謙遜的特質洗禮之後，變得比較有耐心、有禮貌、有同理心，成為當朋友遇到困難時，第一想要找的諮詢者，以及當朋友有好事發生時，真心想要分享的同盟者。

　　A 型獅子的表達方式通常是恩威並進的，有好言相勸的時候，也有強勢壓境的時候，端看當下的狀況需要而定。然而，在這樣一強一弱、一正一反的雙線配合之下，通常能收到極好成效，不但奠定了穩固的領導者位置，也為人際加分不少。

　　A 型獅子雖然表面上看起來謙虛、不張揚，但其實十分自戀，內心一直處於等著被別人讚美的狀態，對自己的才華、實力是滿意的，也希望每個人都能認同和肯定。

　　A 型獅子有細心的熱情和恰到好處的活力，

能帶給大家快樂的、美好的、充滿希望的氣氛，
為受挫折的人帶來勇氣，全身散發一股傲視雄群
卻又不顯霸氣的迷人魅力。

A 型獅子的特質在群體裡是滿討喜的，唯一
要注意的就是不必為了實踐承諾而硬撐，凡事只
要盡了力，拿出誠意說明原委與真相，大家就能
諒解，眼前最重要的是繼續樂觀向前、開創新局。

Ａ型獅子之最

- ✪ 最自戀
- ✪ 最需要被肯定
- ✪ 最有群體魅力
- ✪ 最輸不起

B 型獅子

獅子好大喜功、剛愎自用，最喜歡把功勞都往自己的身上攬，一生最得意的事就是被眾人崇拜、被支持者簇擁、被歡呼聲圍繞，地位與名聲是生命中最重要的部分；B 型積極主動，樂於參與一切和外界有所聯繫的活動，但目的不在於掌權奪勢，只是覺得開心爽快，求的是精神上的滿足，而非物質上的成就。

獅子個性急躁，等不得也慢不來，一旦遇到動作緩慢或反應遲鈍的人，免不了要獅吼兩聲，一方面表達憤怒之意，另一面則有明顯的催促作用；B 型來去都像一陣風，討厭拖拖拉拉、消極延滯的做事方式，講求的是快速敏捷、乾淨俐落，能把看、聽、說、做這幾個動作一次搞定，是一個極有效率的人。

獅子的基本性格和 B 型的特質猶如一個共伴結構，雙方都屬於樂觀、外放的個性，不把枝微末節的小事放在心上，只對自己有興趣的事物投注心力，其他都可以視而不見，完全不受他人言論或情緒的干擾，某種程度來說，皆具有自我的傾向。

　　B 型獅子給人的印象永遠是那麼熱情開朗、積極奔放，好像人生只有快樂，沒有痛苦，即使遇到低潮，仍願意樂觀看待未來，而且感染力十足，能帶給身旁的人如陽光般明亮燦爛的希望。

　　B 型獅子是一個自動發光體，必須隨時隨地活在人群裡，在與他人互動的過程中尋找自我價值，例如帶領大家完成某項計畫，以證明自己的領導能力，或是發起某項活動，讓大家見識一下自己的創造力和表演天分，這些都是讓 B 型獅子愈忙愈愉快的事。

B 型獅子常常因為太過專注於自己有興趣的事，忘了顧及其他相關人士的心情與立場，還一頭熱地到處宣傳炫耀，以為可獲得好評，其實早已種下人際惡果卻不自知。

　　B 型獅子的本質是友善的，但有時因為行為實在過於招搖、張揚，而讓人產生不舒服的感覺，這點是 B 型獅子必須時時自我提醒的，否則最後吃虧的往往是自己。

B 型獅子之最

- ✪ 最自我
- ✪ 最愛指揮別人
- ✪ 最愛擺排場
- ✪ 最怕寂寞

O型獅子

　　獅子天生就有強烈的虛榮心，一定要贏、一定要站在最前面、一定要爬到最高的位置，很怕不被尊重，即使當下的各項條件不是最好的，還是要做好表面功夫，絕對不讓人發現真相；O型具有實事求是的精神，有幾分力氣做幾分事，不做超乎自我實力的幻想美夢，也不輕易貶低自己的能力，凡事使勁全力，但求問心無愧。

　　獅子大方、有氣度、魅力四射，是最閃亮的一顆星，尤其是領導時自信滿滿的神情，讓寄予厚望的人們像吃下一顆定心丸似的，更顯崇拜敬畏；O型對於所有事物的認知都沒有中間值，不是好就是壞，不是對就是錯，不是成功就是失敗，因此，常出現為了達到目的，不得不使出狠辣手段的情形。

獅子強硬霸氣的時候，O型的頑固會讓情況更明顯擴大；獅子慷慨大方的時候，O型的大而化之會讓金錢流失的速度更驚人；獅子盡情發揮創造力的時候，O型的天真奔放會讓整體表現加分不少。

O型獅子的脾氣實在不怎麼好，經常都是一副怒氣沖天的樣子，看什麼人、什麼事都不順眼，動不動就大發雷霆，搞得一時天搖地動、山崩地裂，人人避之唯恐不及。

要講輸人不輸陣，要講兄弟情，要講正義感，O型獅子的表現絕對是沒話說。O型獅子把自己的子民當成家人一般地看待，無論誰發生了困難，都像自己受苦受難一樣，必定會在第一時間召集最多的人、提供最充足的支援、拿出最大的誠意，為當事人解決紓困，是一個十分重感情的性情中人。

O 型獅子表達方式十分直接，說好聽是坦白率真，說難聽就是說話技巧不佳，明明沒有惡意，卻常讓人聽了氣得七竅生煙，誤會因此產生，雙方樑子越結越大，最後鬧得不可收拾，簡直是自找罪受。

O 型獅子有表演欲和掌控欲，希望把所有事做到最好、把成就推至最高、把名聲打得最響亮，不怕別人提出指責與質疑，就怕無法成為大家的目光焦點。

O 型獅子之最

- ✪ 最具權威感
- ✪ 最講義氣
- ✪ 最容易刺傷別人
- ✪ 最誠懇正直

🦁 AB 型獅子

　　獅子對自己有說不盡的滿意，縱使不斷有批評的聲浪或反對的聲音，依然信心十足、毫不退怯，哪裡有擁戴之聲就往哪裡去，每天都是充滿希望的新開端，樂趣無窮；AB 型處於光亮和晦暗的時間各半，心情很矛盾，難以自我控制，對於他人的負面言論，表面上看起來不以為意，其實心裡非常在乎，甚至為此輾轉難眠。

　　獅子一旦興起賺錢念頭，必全力投入搶錢行列，而且成果與付出往往可成正比，但天生的投機習性與奢華浪費卻成為壞事禍源，導致最後大起大落、無法守住財富的窘狀；AB 型對於錢財沒什麼太大的想法，在進出之間尚能維持一定程度的平衡，雖然有時也會受心情影響而出現些微異常的現象，但大致來說，還算平穩。

獅子雖有鮮明的性格和獨特的魅力，但加上 AB 型陰晴不定的變化波動，則容易出現情勢急轉直下的狀況，例如本來很愛熱鬧的個性，偶爾會變得孤僻、不想理人，原本重視誠信的習性，也會出現說話不算話的不負責任行為。

　　說一套、做一套的 AB 型獅子，讓人覺得不太放心，一開始對方可能被絕佳的演技和誇張的說話方式吸引，等到事情的發展不如預期，原先承諾也一一毀約時，才如大夢初醒，從此把 AB 型獅子設定為光說不練的拒絕往來戶，聲名狼藉。

　　AB 型獅子才華洋溢，創造力十足，組織能力強，很適合從事與領導、企畫有關的工作，若能搭配肯做實幹的夥伴，便可打遍天下無敵手，展現驚人的效率與亮麗的成績。

　　AB 型獅子總是大言不慚、盛氣凌人地直指他人的錯誤和失敗，卻忘了自己的弱點和缺失，

自省觀念不夠強烈，以致於缺點無法獲得改善，優點不能充分發揮，長期下來，一旦失去信心之後，恐怕就很難突破心障重新振作了。

AB 型獅子有能力、有抱負，唯獨缺少毅力和決心，若能針對耐力和務實的觀念特別加強，一定可以恢復應有水準，重現亮眼光芒。

AB 型獅子之最

- ✪ 最有創造力
- ✪ 最衝突
- ✪ 最沒有耐性
- ✪ 最可能一事無成

12 星座最怕哪些事？

牡羊 最怕沒搶到第一，最怕依賴別人，最怕無聊。

金牛 最怕變動，最怕沒有美食，最怕沒錢。

雙子 最怕資訊落後別人，最怕一成不變，最怕拖太久。

巨蟹 最怕沒依靠，最怕冒險，最怕緊急狀況。

獅子 最怕沒面子，最怕安靜，最怕冷清。

處女 最怕失序，最怕髒亂，最怕被指責。

天秤 最怕沒朋友，最怕沒人陪，最怕失態。

天蠍　最怕沒隱私，最怕沒權威，最怕被背叛。

射手　最怕給承諾，最怕被限制，最怕愛計較。

摩羯　最怕速度太快，最怕不受尊重，最怕不確定。

水瓶　最怕沒自由，最怕守舊，最怕太感性。

雙魚　最怕壓力，最怕被規定，最怕被要求負責任。

PART 3

獅子與各星座的美味關係

當獅子與各個星座碰在一起，

會產生什麼化學變化，

能變出什麼美妙的人生滋味呢？

你也來嘗嘗吧！

獅子 VS 牡羊

關係指數 ★★★★★

特調滋味 香辣夠味

秘密武器 共創高峰

　　牡羊心中坦蕩，無愧天地，做人做事光明磊落，天不怕地不怕，把冒險犯難當成一種體驗人生的享受，對於貧乏單調的恐懼更甚於受傷挫敗，不願用循規蹈矩來換取安全，寧可接受挑戰、對抗強權，非要把自己弄得渾身是傷，才覺得符合熱情勇敢的英雄主義。

　　每每面對一件事，從決定、執行到結束，只能用風馳雷行來形容，急得不得了，屬於趕死人不償命的衝動派。好奇心強，對自己有興趣的事物，全心投入、全力以赴，反之，則絕不勉強自

己，甚至連正眼瞧一眼都懶得，對於喜惡的反應很極端。

企圖心強，信心滿滿，凡事都想搶第一、拔頭籌，相信只要是自己想得到的，一定能達陣成功，沒有輸的理由，只有贏的希望，隨時隨地抱持的信念都是積極樂觀和永不言敗。

獅子自許為王，日理萬機，要照顧的人和處理的事可說是多如牛毛，所以做起事來特別明快俐落，一件忙完接著一件，絕不拖泥帶水，而牡羊在這方面也不惶多讓，喜歡當領導者，每天東奔西跑卻一點都不嫌累，十分享受在做事與活動過程中所產生的熱力，而且有一種強烈的成就感，支撐著自己不斷往前、奮力向上。

獅子和牡羊都是對自己極有信心且坦率直接的人，最喜歡速戰速決和冒險嘗鮮，不管一起做什麼都覺得開心順暢。不過，兩人說風是風、說

雨是雨的暴躁性格眾所皆知，雖然脾氣來得急也去得快，而且不會記恨，但殺傷力確實不小，如果平時能先協調好相處模式，兩人的快樂指數就可以在高檔維持不墜，成為永遠的好搭檔。

◈ 如何調出兩人的美味關係？

兩人對於事情的看法、欣賞的風格、喜歡的類型，總是不謀而合，好像這些狀態是特地為彼此量身定作似的，契合得令人驚嘆。因為溝通管道暢通、做事速度和方法相近、相互信任依賴，又有共同的理念，所以很適合成為親密夥伴，無論是哪一方面的合作搭配，都能創造出好成績，是一段值得終生經營的正面關係。

 # 獅子 VS 金牛

關係指數 ★★

特調滋味 甘苦交混

秘密武器 尊重對方

金牛喜歡看得到、摸得到的具體實物，因為真實的擁有能帶來安全感，不必為虛幻或充滿變數的未知空等，已經握在手上的才算得上是資產。做人可靠，做事穩重，待人和善客氣，對自己的技能和才華有信心，但不會喧嚷自誇，強調以實績服人。

動作緩慢，按部就班，重視計畫，一旦處於快速多變的狀態，會有幾近心臟病發的不適感，對於周遭一切變化完全來不及消化和反應，容易造成沮喪和挫敗感。觀念保守，思想刻板，不敢

冒險，也不想嘗鮮，覺得規律安穩的生活即是最大的快樂。

喜歡吃美食和具美感的事物，平時節儉成性，每花一分錢都要再三斟酌，但會為一次豐盛的大餐或一件嚮往已久的昂貴物品實行存錢計畫，只要一存夠錢，便毫不猶豫地買下，享受自給自足的踏實感。

獅子有大將之風，做人海派、做事爽快，和對手打一場仗，要的不僅是最後的勝利，更要贏得漂亮風光，世人皆知，是一個自信滿滿、愛面子又講排場的人，而金牛最在乎的只有實質利益，至於是否有響亮的名聲、宏偉的氣勢、高高在上的地位，並不在考慮之列，走的是務實路線，和獅子強勢、注重表面的性格截然不同。

獅子對金牛總有一些嫌棄，覺得金牛就是小鼻子小眼睛的模樣，上不了檯面，一輩子只守著

一畝田就滿足了，積極性不夠，反應能力又差，不像獅子整天腦子裡想的都是如何戰勝敵人、開疆闢土，而不是永遠在原地打轉。獅子不懂金牛的緩慢哲學，金牛也不想瞭解獅子的王國理論，兩人只有井水不犯河水，各擁空間，才能有好日子。

◈ 如何調出兩人的美味關係？

一個要往東，另一個就想往西，一個覺得美妙開心，另一個就嗤之以鼻，兩人來自不同的世界，話不投機、水火不容，不管從哪個角度切入都無法找到共同點，若硬要湊在一起，只會消耗彼此的時間和精力，並留下一堆歇斯底里的怨言。倒不如學著尊重對方，你走你的陽關道，我過我的獨木橋，不強求，也不期待，彼此會過得更快樂。

獅子 VS 雙子

關係指數 ★★★★

特調滋味 香氣逼人

秘密武器 攜手尋歡

　　雙子的想法千變萬化，手腳爽利明快，全身細胞永遠都處在活躍跳動的狀態，就連睡覺做夢都能想出令人拍案叫絕的新點子，生活有趣精彩。辯才無礙，善於交際，什麼話題都能聊，什麼人都能相處融洽，但大多口頭之交，對於累積情誼並沒有幫助。

　　對於訊息的蒐集、處理和傳遞能力，無人能及，好聽的說法是人人崇羨的資訊達人，但較貼近事實的稱號應該是唯恐天下不亂的八卦王，整天穿梭在如槍林彈雨的大小資訊之間，不但不覺

得紛亂煩擾，反而有一種蓬勃生動的趣味，不亦樂乎。

遇到該負責任時，不是插科打諢混過去，就是用裝死的方式逃避，不是一個有承擔力的人。做事只有三分鐘熱度，過了興頭就棄置一旁，也不管完成程度如何，很難老老實實地做好一項任務。

獅子和雙子的個性都很急，沒耐性，討厭拖泥帶水，但若要細說，兩人的「急」是有差異的，獅子就像加足馬力的火箭，一飛沖天、衝勁驚人，不但有既定的目標，而且有傷人的可能，而雙子則像疾馳的風，輕巧快意，沒有特定對象，只是急著做更多樣的嘗試，以滿足自我求新、求變、求快的欲望。

但是，相似並不代表兩人是契合的，或許獅子欣賞雙子的部分特質，雙子也佩服獅子的部

分性格，然而，忠實誠懇的獅子對於容易見風轉舵、沒有服從精神的雙子，仍是頗有微詞的，總覺得雙子不可靠，敷衍功夫一流，執行力和遵守諾言的能力卻是三流，若偶爾一起尋歡玩樂是沒問題的，但如果需要長期相處，恐怕破局機率不小。

❖ 如何調出兩人的美味關係？

彼此之間存在著一股莫名的吸引力，但卻不十分強烈，清清淡淡、輕輕盈盈，相處的時候，感覺愉悅自在，不相處的時候，也不會特別想念，像是一種相互欣賞但不親密的隨緣感覺。其實，雙方各有優點，倒是缺點的部分比較類似，所以特別需要相互提醒、規勸，把對方當成明鏡，隨時修正自己的缺失，才能共同進步提升。

 # 獅子 VS 巨蟹

關係指數 ★★★

特調滋味 甜中帶苦

秘密武器 各退一步

　　巨蟹在這世上最愛的、最想照顧的就是自己
的家人、族人、同類人，只要能扯上關係或有共
同之處，便掏心掏肺、犧牲奉獻，而且完全不求
回報，是一個寬大為懷、溫厚親切的人，不過，
容易膽怯畏縮，也沒什麼主見，經常處於猶豫不
決的狀態。

　　生性敏感，尤其對於人情世故的細微變化，
更是感知深刻，很會看人臉色，但卻不懂得排解
情緒，再加上習慣以悲觀負面的角度來解讀事
情，以致於常自陷憂傷可憐的氣氛之中，難以

自拔。

面對不合理或不舒服的情況時，總是不自覺地壓抑情緒，等到忍無可忍時，才整個大爆發，猶如突然投下一顆原子彈，讓人感覺情緒反應十分兩極。理財觀念強，不僅精打細算，而且懂得對收入和支出做完善規畫，絕不會發生寅吃卯糧的慘劇。

獅子雖然對巨蟹軟弱、膽怯、猶豫的性格很不以為然，每次一看到巨蟹又哭哭啼啼地為一件小事傷心，或是為了一個簡單得不得了的問題拿不定主意，就整個人火冒三丈，揚言從此不再理會、不再幫忙、不再連絡，但事實證明，獅子對巨蟹只不過是刀子口豆腐心，嘴裡罵得比誰都狠，心裡卻不由得升起一股想要保護巨蟹的衝動，最後，這一強一弱的搭配就順理成章地組合在一起了。

許多人都受不了獅子盛氣凌人的霸王架勢，但巨蟹卻覺得那是一種負責任、有安全感的象徵，即使獅子常出現橫眉豎眼、怒氣沖天的嘴臉，但巨蟹只記得被獅子照顧呵護的感覺。兩人的性格天差地遠，卻能在強硬與柔軟之間找到平衡點。

◈ 如何調出兩人的美味關係？

　　對方的長處是自己缺乏而且羨慕的，對方的短處是自己獨有而且有能力幫助對方改善的，彼此的關係就好像優缺點互補的組合。剛開始相處時，可能因為性格的差異而有所保留或顯得尷尬，但只要一方願意先卸下防衛的面具，拿出具體的誠意來，兩人之間立刻多了一座用溫暖和真誠造成的友誼橋樑，從此相輔相成、愉快融洽。

獅子 VS 獅子

關係指數 ★★★★★

特調滋味 料多味美

秘密武器 創意激發

　　獅子把自己定位成一個君臨天下的王者,所以喜歡指揮別人、習慣發號施令、重視排場、講究氣氛,無論出現在什麼場合,一定要成為最閃亮的那個顆星,眩目華麗且光芒四射,若有人膽敢對君威不敬或對君命不從,必以威猛狂嘯的獅吼功伺候,非要對方懾服不可。

　　熱情樂觀,正直誠懇,魅力十足,在群體中能發揮以正面能量感染他人的效果,即便自己遇到煩惱或傷心的事,仍願意伸出援手去幫助別人。具創造力和戲劇天分,樂於將自己心裡真實

的想法，藉由創意和表演與人分享，沒心機，不計較，更無害人之心。

因為自命不凡，所以驕傲自大、霸道武斷，因為自封為王，所以不容異己、重權要勢，而且脾氣特別大，為所欲為，只要有人不小心犯了忌諱，就大動肝火，容易讓人留下喜怒無常的印象。

獅子喜歡用欣賞的角度看同樣積極樂觀、熱心助人、正直誠懇的另一個獅子，惺惺相惜之情溢於言表，即使對方脾氣暴躁或處事不當，只要不是太過分，也就不會太計較。兩人相處的感覺是英雄惜英雄，表面上各據一方、各自獨立，事實上無論物質的資助或精神的鼓勵從來都沒少過，彼此相互熟知、扶持，當深陷困境的一方還沒開口求援時，另一方已主動送上最具體有效的協助，彷彿一股暖流，摯情難忘。

獅子情感表達很直接，看到好東西就要搶到

手，看到好目標就要搶第一，即使遇到情如手足的獅子同伴，也會拚盡全力來個良性競爭，看看誰勝誰負。但獅子終究是愛面子、重名聲的人，要是沒有先談清楚遊戲規則，恐怕一不小心擦槍走火、翻臉不認人的機率是很高的。

◈ 如何調出兩人的美味關係？

你有的，對方也有，你缺的，對方也缺，兩個人就好像照鏡子一樣。感情好的時候麻吉得不得了，但是一言不合、起衝突時，嚴重性也會甚於其他人。其實，彼此對對方的心情是惺惺相惜的，不僅相互欣賞優點，也會為對方的弱點擔心，那麼，何不勇敢地表達出自己心裡真正的心意呢？兩人應該經常交換生活心得，多給予對方鼓勵，要說氣話之前先冷靜一會兒再溝通，即可避免無謂的爭端。

獅子 VS 處女

關係指數 ★ ★ ★

特調滋味 平淡無奇

秘密武器 各司其職

　　處女的分析能力和組織能力皆高人一等，不管面對再怎麼混亂雜錯的狀況，都能在最短的時間內理出一個清楚明確的頭緒，以及讓所有人都覺得滿意的結果，勤奮努力，堪稱處事高手、效率達人。

　　精密有序是基本要求，確實負責是中心思想，完美無瑕是必達標準，即使因此必須過著嚴謹忙碌的生活，亦覺得開心充實，毫無怨言。雖然，表面看起來是一個事事實際、利益分明的人，其實具有高度熱忱，樂於為需要幫助的人提

供服務。

自己嚴守紀律，也強迫別人跟著遵循，看什麼事都不順眼，愛批評、愛挑剔，整天嘮嘮叨叨、碎唸不停，讓旁人大呼吃不消。在人前的表現總是謙遜有禮、不爭不搶，但在人後的真實面目卻是錙銖必較，手上不僅握緊了箭，同時也備好了盾，可攻可守，絕不吃虧。

獅子把重點放在大方向，認為只要方向對了，接下來的計畫和策略就能發揮得宜，贏得勝利的機率自然會大大提高；處女則把精力都放在小細節，認為只有緊抓每一個細微處，才可能把每個步驟做到精確，到最後呈現出完美的成果。再者，獅子做事總是大刀闊斧，講求的是快速，不願意讓枝枝節節的小事影響進步，而處女卻老是往小地方鑽，力求步步紮實，強調時效與品質同樣重要，缺一不可。

獅子雖然知道處女是一個得力助手，有處女在一旁規畫執行，勢必如虎添翼，效率瞬間成長數倍，甚至數十倍，但這些優點卻無法抵銷處女愛嘮叨、愛挑剔、愛批評的缺點。獅子和處女都覺得自己沒有調整的必要，同時也承認改變不了對方，還不如各自為政，反而輕鬆愉快。

◇ **如何調出兩人的美味關係？**

一個是急性子，一個是慢郎中，兩人的關係並非絕對的對立，相互干擾與相互協助的部分也不大，就像曾經打過照面，但彼此不熟，只是各自過著生活的鄰居。既然雙方之間有本質的差異，就要學著尊重對方的想法和做法，一方不可強勢的要求，另一方也不需以弱勢自居，否則久了一定會爆發難以想像的問題，倒不如平時就建立平等的觀念，自然就可相安無事地繼續相處下去。

 獅子 VS 天秤

關係指數 ★★★★
特調滋味 香氣逼人
秘密武器 攜手尋歡

　　天秤很在意平衡的問題，左邊是十公斤，右邊也要是十公斤，左邊放了一朵花，右邊也要放一朵花……只要一看到左右不對稱，就覺得渾身不舒服，非要想辦法改善，直到合乎公平公正的標準為止。

　　為人客氣溫和，與人相處融洽，喜歡愉悅舒服的氣氛，所以總是盡其所能地避免爭端是非；當問題的關鍵人是自己時，委曲求全、以和為貴，當問題出在他人身上時，則自願擔任居中協調者，為的就是能大事化小、小事化無，大家和

睦愉快沒紛爭。

　　注重形象，氣質出眾，親和力與溝通力特別好，活躍於各個人際社交圈，擁有迷人又知性的公關魅力。浪漫的理想主義者，紙上談兵的功力遠遠超過真槍實彈的實戰經驗，再加上愛享樂、不愛工作的習性，容易給人安逸懶散、光說不練的印象。

　　獅子和天秤是吃喝玩樂的社交好搭擋，都把享受和享樂這兩件事情當作人生的主菜，其他部分則被視為無關緊要的小菜，只有在美麗舒適的環境和開懷歡樂的笑聲裡，才覺得活得有意義。獅子欣賞天秤得體的談吐、優雅的舉止，還有八面玲瓏的社交手腕，若有機會一起現身公共場合，更讓獅子感覺特別有面子，大大滿足其虛榮心。

　　獅子以王者自居，自覺身負統禦大軍、為民

謀福的重責大任，所以練就一身眼觀四方、耳聽八方的好本領，處事以速戰速決為本，做人以盡興暢快為樂，而天秤雖然不似獅子有那樣崇高的理想抱負，但卻頗能配合獅子的節奏和腳步，兩人一前一後地和著、一左一右地搭著，無論做什麼都覺得開心愉悅。

◈ 如何調出兩人的美味關係？

從外表看來，兩人喜歡的事物和行事的風格似乎不完全相同，但若仔細研究分析，就會發現根本是殊途同歸的同路人。兩人不但有著極大部分的相似特質，而且還有共同的習性和興趣，如果能時常彼此分憂、分擔、分享，便可讓原有的優點發揮得淋漓盡致，且對於增長見識和改善缺點亦有莫大助益。

 **獅子 VS 天蠍**

關係指數 ★★
特調滋味 甘苦交混
秘密武器 尊重對方

天蠍因為精明幹練、執著專注，所以被人視為不好惹的狠角色，又因為嫉惡如仇、報復心強，而被當作可怕的冷血者，在群體之中，就像一個天生的絕緣體，凡人不敢靠近、常人避免接觸，大家都躲得遠遠的，深怕一不小心就成了毒螫下的祭品。

外表看起來冷酷幽暗、默不作聲，其實是一個外冷內熱、用情至深的人，全身散發神祕的吸引力，一旦決定付出，就難以收回，而且要求對方同等投入，否則玉石俱焚；無法忍受被背叛，

占有欲極強。

　　具有如偵探般敏銳的直覺和洞察力，能一眼看穿對方心裡的真實想法，主觀意識強烈，對於追求真相和揭發內幕特別感興趣。善用謀略，執行力強，勇於克服困難，不輕易被挫折打倒，說到做到，絕不含糊其事或打馬虎眼，極具競爭力。

　　獅子和天蠍都是有野心、有企圖的權利欲望者，只是獅子喜歡在明處大聲宣告，天蠍則在暗處默默布局。獅子可以與同伴結夥，從平民皇帝一路打拚，最後成為尊貴之王，始終樂觀積極，勇於接受艱難的挑戰，也毫不客氣地享受讚美和榮耀，而天蠍習慣獨立作業，一人完成浩然大計，過程雖然辛苦煎熬，卻能獨享所有的成就喜悅，不需處理分臟不均的麻煩，更不必管其他人的好壞情緒，特別過癮爽快。

　　獅子和天蠍容易產生歧見之處，在於兩人的

表達方式不同。獅子覺得天蠍隱晦、城府深，很難信任，更難應付，還不如保持距離，而天蠍則看不慣獅子好大喜功、誇大張狂的性格，所以，兩人最好避免在同一個領域裡你爭我奪，應該各擁山頭，關係反而能長久。

◇ 如何調出兩人的美味關係？

基本上，兩人的性格差異是不小的，不是快與慢、熱與冷的組合，就是動與靜、攻與守的搭配，很難被放在同一個天秤比較，也極少被拿來一起配對。但其實雙方還是有一兩個相似之處，暗暗地支撐著彼此的友誼架構，只要一方肯用心發掘，並將自己的想法誠懇地表達出來，很快就能打破藩籬，建立良好新關係。

🦁 獅子 VS 射手

關係指數 ★★★★★

特調滋味 香辣夠味

秘密武器 共創高峰

　　射手就像讓人心情大好的暖陽、可治百病的笑聲、充滿希望的正向能量，一切變得如此美好，是一個人人都想接近和學習的對象。喜歡接觸新事物，經常旅行，結交各領域的朋友，富哲學思考，同時具有行動力和實踐力，所以智慧過人、知識廣博。

　　不受框架的侷限，不理會制度的規範，熱愛自由，奔放開闊，即使付出的代價是不斷地被騙、被傷害，亦無所謂，依然樂觀開朗，勇敢冒險，為的就是尋找別人一輩子也到不了的奇境

聖地。

口沒遮攔、快人快語，往往刺傷了對方的心卻毫無知覺，老是顧著自己開心，卻忘了替別人著想。過於理想化，還沒想清楚得失利弊就直接衝出去，十次有九次都以傷痕累累收場。說話誇大，動作誇張，又害怕承諾，特別容易給人留下不牢靠的負面印象。

獅子總是在事情連八字都還沒一撇時，就大聲嚷嚷，好像已經勝券在握似的高調得意，令人看了很不以為然，但射手卻把獅子誇張的行徑視為一種率真自然的表現；獅子總是以領導者自居，也不管別人的意願和想法，獨攬大權，獨撐大局，強制要求大家都要聽其命令、守其規定，否則立刻大發雷霆，毫不留情地展現暴君的霸道與高壓，但射手卻能把獅子的強勢當成一場國王遊戲，輕鬆看待，隨興參加。

獅子的語言、情緒、心態，射手全都懂得，因為射手和獅子一樣樂觀開朗，全身散發積極正面的能量，即使陷入糟糕惡劣的險境，也不怨天尤人或坐以待斃，永遠都在人生的路上尋找無限可能，而這也就是兩人一直契合融洽的關鍵原因。

◇ 如何調出兩人的美味關係？

　　兩人的契合度是百分百，一方只要眨眨眼，另一方就知道意思，是靈魂伴侶，也是精神支柱，更是可以同甘苦共患難的知心好友，不必多說就能心領神會，無論在一起做什麼都覺得開心自在，而且理念和價值觀一致，即使偶爾發生意見分歧的狀況，也很快就能取得共識，並尋得解決之道，互動關係十分完美。

 **獅子 VS 摩羯**

關係指數 ★★★

特調滋味 苦中帶酸

秘密武器 親疏分明

摩羯喜歡遵循古法、重視禮教、實力雄厚，而且特別強調安全，凡事只要可能承受風險，哪怕只是小得微不足道，談不上任何威脅，一樣會斷然拒絕，是一個不折不扣的老頑固、老長官、老學究。

一生之中有百分之九十的時間都用在工作上，除了真實的工作時間比一般人長許多之外，連休息、甚至睡覺都在想與工作有關的事，是大家公認的工作狂，生活規律而缺乏變化，刻板而不懂情趣，成熟而過於嚴肅拘謹，認真可靠而沒

有意外的驚喜。

　　深沉內斂，情感壓抑，有點悲觀傾向，但意志力和執行力十分驚人，一旦確定目標就不會改變，持續穩定地前行，雖然速度不快，但是步步走得踏實，再加上絕佳的領導力與組織力，往往能成為跌破大家眼鏡、最後坐上成功者寶座的人。

　　獅子和摩羯同樣對追求成功有熱切的渴望，但兩人表現的形式和要求的本質卻大不相同。獅子喜歡新奇事物，具有無窮的創造力，對未來總是懷抱著希望和夢想，期許自己能站上世界舞台，成為萬眾矚目的閃亮之星，追求的是聲勢浩大的成功，而摩羯的人生哲學是純粹的冷色調，從一開始設定目標，歷經千辛萬苦，直到最後，沒有一絲僥倖，只有努力、再努力，過程雖不如獅子璀璨豐富，但終究是成功的。

　　獅子或許佩服摩羯吃苦耐勞的精神和無比的

毅力，但對於摩羯不知變通的頑固和不懂享樂的無趣性格，卻完全無法忍受，而摩羯當然也不覺得好大喜功、剛愎自用的獅子有什麼好令人崇拜的，只要雙方相處的時間越久，累積的不滿情緒就越高漲，步調難以一致。

◈ 如何調出兩人的美味關係？

對於對方的神情態度與處事風格，十分不以為然，甚至鄙視不屑，總覺得自己什麼都比對方好，只要有一方說一句話或做一個動作，另一方立刻就表現出不耐煩、不苟同的嘴臉，互看不順眼。但是，冤冤相報何時了，這時候反而應該用更多的愛與耐心，包容對方，檢討自己，才有可能化干戈為玉帛，轉負為正，創造雙贏的局面。

🦁 獅子 vs 水瓶

關係指數 ★★

特調滋味 甜鹹不調

秘密武器 相互包容

　　水瓶忽遠忽近、忽淡忽濃、忽冷忽熱的詭異性格，總是得到兩種極端的評價，那些熟識的麻吉好友，異口同聲說這就是不矯揉造作、自然泰若的真性情表現，而那些初次見面的陌生人，則破口大罵：「不懂地球遊戲規則的外星人，有什麼好跩的啊！」

　　獨立創新，冷漠主觀，叛逆孤僻，以致於在群體中顯得格格不入，常常冷不防地就躲進只有自己瞭解的世界，與世隔絕，不想理人，也不想被理。其實，內心裡深藏著博愛、為人類服務的

高度理想，只是懶得解釋，覺得時機到了，該懂得的人就會懂得，不需多費唇舌。

雖然才華洋溢，但不刻意外露，雖然具備賺大錢的能力，仍淡泊名利，一生最怕的事就是失去自由，寧願當一個餓著肚子卻滿懷理想的自由鬥士，也不願成為口袋滿滿卻綁手綁腳的大富豪。

獅子喜歡在熱鬧的氣氛裡打滾，無論身邊的人是熟識或陌生都無所謂，只要能盡情享受、痛快玩樂，就是人生最大的樂事。水瓶喜歡安靜，渴望自由，所以特別需要一個人的空間，平常就像獨行俠般地來去，不擅經營與他人之間的熱絡關係，寧可獨自啃食孤單的滋味，也不願忍受人多嘴雜、是非紛亂的人際問題。

高高在上的獅子不喜歡違抗命令的叛逆者、受不了目中無人的傲慢者、討厭不合群的孤僻者，而這些特質剛好就是水瓶最鮮明的性格特

色，可見，獅子和水瓶有多麼不對盤，當獅子在台上發表高論，說得口沫橫飛時，水瓶卻一副嗤之以鼻的鄙視嘴臉，讓獅子很下不了台，兩人心結越結越深，化解不易。

◈ 如何調出兩人的美味關係？

雙方的關係是既衝突矛盾，又掙扎拉扯，好像只要兩人同時存在一個空間裡，氣氛就變得不對勁，不是雞飛狗跳，就是僵持不下。其實，彼此的狀態就像蹺蹺板，一邊高的時候，另一邊就必須低，相互配合才能和諧，如果硬要都爭高或都搶低，下場當然很慘烈，還不如先談妥搭配的方式，並從禮讓和瞭解對方做起，一定可以慢慢地漸入佳境。

獅子 VS 雙魚

關係指數 ★★★★

特調滋味 清淡貧乏

秘密武器 真心誠意

雙魚愛上的是一種感覺，一種迷濛夢幻的感覺，一種無法具體描述，但卻使人無限依戀的感覺，那是精神層次的追求、心靈寄託的依歸，只有遠離複雜刺激、針鋒相對、物欲橫生的陸地，回到溫暖柔軟的廣闊海洋，才能放心地悠遊，感受前所未有的舒適安全。

天真浪漫，單純脫俗，慈悲體貼，特別同情貧苦弱勢的可憐人，即使自己只剩一碗飯，也會毫不考慮地先給最需要的人吃，然後再一邊忍受飢餓、一邊尋求更多援助，是一個善良又寬厚

的人。

　喜歡逃避，自制力弱，缺乏判斷力，容易受騙或受誘惑，而且一旦陷入深淵就很難自拔，經常遊走在善與惡的交界。直覺、潛意識、玄學、神祕學等靈性方面的啟發能力極強，藝術天賦高，在音樂、戲劇、寫作、舞蹈等方面的表現優異，令人讚嘆佩服。

　獅子特別喜歡照顧弱勢族群，把濟弱扶傾當成自己的責任，一方面是因為慷慨大方、誠懇正直的天性使然，另一方面則是想藉由英勇事蹟贏得眾人的讚美和掌聲，而雙魚的出現即恰巧滿足獅子的英雄性格，並成就了獅子王者的風範，算是強弱搭配得宜的組合。

　然而，除了照護與被照護的關係之外，獅子與雙魚的確有不怎麼契合的部分。獅子終究是一個積極樂觀的人，與雙魚認識之初，可能因為雙

魚的柔弱怯懦而起同情之心，但是當日子久了、感覺膩了，獅子可能會對雙魚安逸懶散、不切實際、杞人憂天等負面性格產生極大反感，再也不想成為雙魚的靠山，甚至可能因此狠狠教訓雙魚一番，然後憤而離去，留下錯愕驚恐的雙魚和一段無法還原的美好關係。

◈ 如何調出兩人的美味關係？

即使對方什麼都沒做，也沒礙到誰，但彼此對對方都有一種說不出個所以然的反感，只是還不到針鋒相對的地步，不會在檯面上把自己心裡真正的想法全盤托出，尚為對方保留一些面子，也為自己留些餘地。道不同不相為謀，既然不適合湊在一塊兒，就不應該勉強，只要各司其職，把該做的事做好，井水不犯河水，自然也就皆大歡喜了。

12星座笑傲群星的過人特質

牡羊 　行動力，勇敢，急躁，天真，自信。

金牛 　節儉，耐力，固執，鑽牛角尖，穩重。

雙子 　幽默，速度，機智，話多，八卦。

巨蟹 　愛家，敏感細膩，懷舊，包容力，情緒化。

獅子 　領導力，創造力，表演天分，自大，風度。

處女 　責任感，批判，守規矩，挑剔，細心。

天秤 　猶豫，社交力，愛美，和諧，善辯。

天蠍　心機，嫉惡如仇，吃醋，冷酷，神祕。

射手　愛玩，樂觀，熱情，誇張，神經大條。

摩羯　事業心，執行力，堅持力，嚴肅，認真。

水瓶　創意，搞怪，博愛，理性，好學。

雙魚　浪漫，胡思亂想，心軟，逃避，藝術天分。

PART 4

獅子與各星座的愛情協奏曲

當獅子與各個星座掉進愛的漩渦時，

怎麼做才能擁有一段讓人動心、覺得窩心、

感到開心的愛情呢？

這裡有祕技在此公開。

🦁 獅子 love 牡羊

　　牡羊情人的脾氣爆點很低，一觸即發，稍有不對勁就大發雷霆，不鬧到滿城風雨絕不罷休，最好再來個對方被嚇到屁滾尿流的戲碼，那就更過癮了。不過還好的是，脾氣來得快、也去得急，才一轉眼，臭臉變笑臉，怒氣變笑聲，像疾風驟雨後的燦爛豔陽。

　　受不了欲迎還拒、半推半就的黏膩感，一旦有了愛情的感覺，二話不說，立刻化身為愛的戰神，全力發動攻勢，誓言用最短的時間擄獲對方的心；當愛的感覺消失時，亦是直來直往，無法忍受拐彎抹角、冷嘲熱諷，有什麼不爽快就大刺刺地說出來，直接給雙方一個痛快。

　　喜歡征服的勝利感、喜歡在愛情關係裡占上風、喜歡對方崇拜自己的眼神，討厭不說話的冷

戰、討厭對方在眾人面前不給面子、討厭對方死纏爛打，愛情字典裡沒有羞赧曖昧，只有清楚明白的要或不要。

獅子無論做什麼都愛熱鬧，圍觀的人越多就越來勁，完全不擔心洩露心底真正想法，赤裸地呈現自己，誠懇真摯，即便是強調隱私的愛情生活，也不排斥真人實境地演出，十分高調，而牡羊亦是重口味的代表人物，認為既然愛了，就要愛得痛快，絕不來扭扭捏捏、躲躲藏藏這一套，與獅子的愛情哲學不謀而合。

獅子和牡羊的相遇就像一場天雷勾動地火的狂愛熱戀，就算發生天崩地裂的大事也阻擋不了兩人的熾烈情愛。不過，兩人的火爆急躁脾氣名聞遐邇，熱戀時雖癡纏交融，但一言不合時，也常演出全武行，最好學著各退一步，否則極可能弄假成真，悲劇收場。

◈ 如何吹奏兩人的愛情協奏曲？

　　兩人有共同的性格特質和興趣，什麼話題都能聊，在一起做什麼都覺得開心，對方有的傲人優勢，自己也有，所以可以痛快暢談，而對方有的不為人知的缺點，亦心有戚戚焉，所以不必費心遮掩，感覺特別輕鬆自在，算是一組契合的配對。但要注意的是因為同質性高，怕日長生膩，因此必須特別用心經營，才能長久維持下去。

讓牡羊動心的祕技 天真坦白，樂觀，不囉嗦。

讓牡羊窩心的禮物 玩具、運動用品、公仔、新上市的商品。

讓牡羊開心的場所 遊樂園、新奇的店、速食店、運動娛樂中心。

獅子 love 金牛

金牛情人沒有搶取豪奪的氣勢，也沒有你死我活的狠勁，但卻有一千度的強烈占有欲，只要對方的眼神因為其他異性而稍微飄移、心思因為若有所思而小幅振盪，立刻醋勁大發，生悶氣、大聲甩門、拒絕親近等招術紛紛出籠，表示嚴重抗議。

喜歡吃美食、美麗的餐廳、有質感的禮物，只要營造具備這些元素的場景，兩人世界頓時如花團錦簇般夢幻美好，感情急速加溫。無論感情再怎麼長久、甜蜜，都不要牽扯到任何的金錢借貸關係，否則晴天馬上變雨天、熱情馬上變冷漠，千萬別挑戰節儉王的底線。

忠心誠懇，深情專注，執著持久，不玩愛情遊戲，一旦愛了就全力以赴，不僅心無旁騖地愛

著對方，而且早已偷偷計畫兩人的未來，相戀、結婚、生子、偕老……即使八字只有一撇，還是覺得開心滿足。

獅子的玩樂遊戲，金牛看不懂也跟不上，獅子的奢侈海派，金牛不想懂也不想跟，獅子和金牛的關係大多處於互不理解的狀態。獅子受不了金牛老把天長地久掛在嘴邊，因為這是獅子壓根都沒想過的問題，真是又棘手又尷尬，只好選擇不聽不聞，而金牛對於獅子求快、求新鮮的愛情態度也無法苟同，彼此似乎怎麼樣都搭不上線。

然而，兩人的關係就像彈簧，初識時彈力十足，只要一碰觸就立刻彈開，但隨著時間流逝，當彈性漸漸疲乏，排斥性減弱，和平共處的機會就變多了，獅子開始感動於金牛的穩定和忠實，而金牛也看到獅子的用心與誠意，兩人攜手共度未來的可能性自然就會提高。

◈ 如何吹奏兩人的愛情協奏曲？

　　兩人性格不相容、氣味不相投、生活不搭軋，從見面的第一眼就在心裡畫一個大叉，接二連三的罵聲從心裡冒出來，只差沒有真的脫口而出，立刻列入不往來的黑名單。但神奇的是，不契合的狀況竟隨著幾次的相處，演變成不打不相識，兩人慢慢理解對方，原本的壞印象也會持續減少，所以，雙方應該試著多給彼此機會去表現各自的優點，如此一來，愛苗就有空間慢慢滋長了。

讓金牛動心的祕技 可靠，幽默，有藝術品味。

讓金牛窩心的禮物 藝術品、珠寶、園藝用品、各式招待券。

讓金牛開心的場所 美麗與美食兼具的餐廳、藝術中心、郊外。

獅子 love 雙子

雙子情人的愛情態度被大家貼上「花心」的標籤，但自己對這樣的評價卻不以為然，總覺得自己只不過是真實呈現人性多重愛欲的自然本性而已，大家實在沒必要如此嚴肅正經，更不應該為此亂扣倫理道德的大帽子，不妨輕鬆一點、放開心胸地面對愛情。

幽默風趣成為在愛情世界裡悠遊自得、左右逢源的最佳利器，一旦發現獵物，得手的成功率幾乎高達百分之八九十，懂得善用自己的優勢，是一個聰明、花樣多的愛情獵人。

愛情要讓人愉快，而不是讓人沉重；愛情生活應該精彩豐富，而不是規律穩定；愛情之所以迷人，是因為追求的快感，而不是耐心的等待；愛情最讓人興奮的部分是達陣之前的疾速奔馳，

而不是達陣之後的塵埃落定；愛情最令人回味的是曾經擁有，而不是天長地久。

獅子喜歡雙子逗趣可愛的模樣，好像無憂無慮的小孩，活在只有玩耍、沒有壓力的世界裡，即使運氣不好遇到煩人的問題，雙子也總是能聰明又快速地化解危機，獅子覺得和雙子在一起，簡直是開心得不得了，更重要的是，雙子不但一點也不黏人，而且不會一天到晚硬拉著對方說甜言蜜語或要求承諾，讓獅子覺得既有戀愛的愉快，卻沒有情感的負擔，真是完美極了。

獅子和雙子都不是一戀定終身的人，明白地說，兩人都有不安於室的花蝴蝶性格，但縱使雙方時而一往情深、時而各懷鬼胎，卻不影響彼此感情，甚至覺得你來我往的交鋒十分過癮，算是非常契合的配對。

◈ 如何吹奏兩人的愛情協奏曲？

　　一開始的感覺很普通，沒有心花朵朵開的浪漫感，也沒有不屑鄙視的嫌惡感，就像一般朋友。但隨著時間地積累，慢慢日久生情，好感度逐漸增加，到最後甚至有越陳越香的態勢，算是滿契合的一對。所以，雙方相處的重要關鍵在於突破初識的生疏、猜忌、冷漠，只要成功進入互有好感的第一階段，之後就能一起登上愛之船，遨遊愛之海了。

讓雙子動心的祕技 不黏膩，變換花招，有新鮮感。

讓雙子窩心的禮物 度假招待券、手機、益智遊戲、趣味商品。

讓雙子開心的場所 咖啡廳、百貨公司、旅遊景點、大賣場。

獅子 love 巨蟹

　　巨蟹情人要的愛情是一份包含了溫柔體貼、善解人意、至死誓言的安全感，暖暖的、厚實的、永恆不變的。在真愛來臨之前，害羞、不知所措，沉醉在真愛裡的時候，甜蜜深情，卻又惴惴不安，當真愛確定不移之後，放心安穩，一生奉獻，毫無保留。

　　雖然，兩情相悅的美麗情懷是不可欠缺的，但更圓滿美好的表現應該是再加進像家人一樣的親情，因為那才是不怕洪水猛獸侵襲、不懼天崩地裂破壞的情感，源遠流長，直到永遠。

　　容易猶豫不定，且情緒起伏較大，所以需要對方循序漸進的引導，以及耐心地守候，不適合火力全開的激烈攻勢。兩人爭吵時，無法在第一時刻把思緒理清楚、把話說明白，必須經過一段

時間冷靜思索，才會有答案，對方若一昧強硬逼迫，不但無效，還可能產生反效果。

獅子一見到巨蟹，內心的英雄號角頓時響起，忍不住對巨蟹有一種憐惜疼愛、想要保護的衝動，而巨蟹則有找到靠山、情緒安定的感動，兩人愛如潮水，難分難捨，羨煞身邊的所有人。

但是，隨著時間所累積的問題似乎也可能在一夕之間爆發，獅子無法忍受巨蟹像麻糬一樣黏答答，走到哪裡就跟到哪裡，沒有主見、不獨立、不動腦筋，久而久之，煩膩的感覺油然而生，恨不得立刻畫清界線。而缺乏安全感的巨蟹一旦開始感覺獅子的愛有異狀，勢必黏得更緊、查得更勤，直到獅子毫無喘息空間、忍無可忍，只好以悲劇收場，從此分道揚鑣，幾乎不可能再破鏡重圓。

◇ 如何吹奏兩人的愛情協奏曲？

彼此雖然生活領域不同，基本特質亦有差異，但卻因為並非全然的落差和衝突，反而有一種欣賞對方和想要向對方學習的心情。兩人時而以柔克剛或以強扶弱，時而以慢制快或以快帶慢，感覺真美妙。不過，可惜這美妙終究是短暫的，等到時間一久，最初因差異而產生的新鮮感漸淡，回歸原點，不契合的現象也就紛紛浮出檯面了。所以，兩人最佳的相處模式應該是遠觀而不褻玩，保持距離、以策安全。

讓巨蟹動心的祕技 愛家，關懷體貼，
寵愛。

讓巨蟹窩心的禮物 手工藝品、傢飾品、
仿古傢俱、田園風格商品。

讓巨蟹開心的場所 花店、安靜溫暖的
餐廳、跳蚤市場、懷舊之地。

獅子 love 獅子

　　獅子情人所認定的愛情是轟轟烈烈、濃情蜜意、瘋狂烈愛……總之，就是一個不折不扣的重口味者，一旦陷入愛河，勢必高調地昭告天下，深怕漏掉一耳一目，而此舉的目的不僅是為了享受引人側目、招來嫉妒的得意感，更想讓對方感受到雄渾烈火般的愛意。

　　愛面子又不認輸，即使是自己做錯也不許別人笑，堅持保有尊貴的地位和非凡的氣勢，對方只要懂得順著獅毛梳理，不硬碰硬或逞嘴上之能，一定可以贏得歡心，過著吃香喝辣、橫行無阻的風光生活。

　　雖然有自己的喜好和行事風格，而且有些霸氣、自大，卻不會隨便亂發脾氣，只是一旦對方犯了大忌，引發獅子發火，可能就很難收拾了。

喜歡群聚的熱鬧氣氛，真正為兩人世界所花的時間和心力不多，把情人和朋友放在一起玩樂的模式似乎才是最愛。

　　獅子平時是一個愛自己的自戀者，但是當愛神來訪，情人已站在眼前時，也會投注所有心力認真地談一場戀愛，十分享受甜蜜浪漫的氣氛。兩個獅子碰在一塊，就像天雷勾動地火，烈愛一發不可收拾，誰也離不開誰，把對方當成無價之寶似地捧在手心，給予最細心的呵護、獻上最珍貴的禮物，為的就是看到對方燦爛幸福的笑容。

　　愛情讓獅子變得年輕有活力，而不同對象所帶來的新鮮感更是激發創造力的泉源，所以獅子慣於征服一段又一段的新戀情。當一方的愛出現倦怠，另一方雖然難過，但很快就能走出傷悲，另覓所愛，好處是好聚好散，彼此不口出惡言，壞處則是情難長久、真愛難尋。

◈ 如何吹奏兩人的愛情協奏曲？

要描述兩人在一起的感覺，最貼切的形容就是又愛又恨。當彼此磁場契合、頻率相同的時候，怎麼看怎麼順眼，就算對方講的話無聊至極，也能肉麻當有趣地笑得花枝亂顫，但如果兩人意見不合時，對對方的容忍度立刻降到零度，毫不留情面。所以，不妨多想想對方的優點和兩人曾經共有的甜蜜回憶，等氣消了、怨沒了，自然雨過天晴。

讓獅子動心的祕技 讚美，順從，玩樂的興致高昂。

讓獅子窩心的禮物 華麗閃亮的飾品、太陽眼鏡、高價精品、皮件。

讓獅子開心的場所 舞廳、五星級飯店、高級俱樂部、狂歡派對。

獅子 love 處女

處女情人的規則多如牛毛，異味止步、指甲不能太長、看書時不能用力折……這些規則讓那些搞不清楚狀況的人動輒得咎，前面那條規則都還沒瞭解透澈，接下來的一句話或一個動作，又馬上又犯了錯，簡直就要把對方搞瘋了，而自己也因為氣到爆青筋而快出人命。

喜歡談有建設性的話題、喜歡具學習價值的活動、喜歡可獲取實質利益的工作，謹慎務實的特質讓愛情變得不怎麼浪漫，但對於個人性格的磨練與成長，倒有極大的幫助。

把親情、友情與愛情切割得一清二楚，無論是自我認知或實際行為，都沒有模糊地帶，執行嚴明，同時也要求對方達到一樣的標準。雖然，愛挑剔，愛叨念，但卻是一個以誠相待、對感情

負責，交往到一定程度即願意與對方攜手共度一生的情感穩定分子。

獅子自封為王，愛面子又愛排場，即使在心愛的情人面前也要維持高高在上的氣勢，並站在主導位置，讓所有事件的發展照著自己設定的劇本走，才能皆大歡喜，但是，一向自律甚嚴，且絕不寬待別人的處女，則完全不吃獅子這一套。

當獅子表現出源源不絕的熱情愛意時，處女立刻拿出愛情檢驗表來一項一項確認，看獅子是否達到基本標準值，讓獅子倒足胃口；當獅子一表現出心不在焉的敷衍模樣，處女立刻嚴加責備，要獅子負起責任，讓獅子很想逃之夭夭。獅子和處女所認知的理想愛情是不同的，如果硬要湊在一起，恐怕親家做不成，反而變成仇家。

◈ 如何吹奏兩人的愛情協奏曲？

打從相識之初，兩人就覺得不對盤，若是繼續相處下去，非但情況不易好轉，甚至每況愈下，最後只好以漸行漸遠收場。彼此的性格完全不同，喜好幾乎零交集，沒有共同話題，難以理解對方的思考模式，對於參與對方的生活更是興趣缺缺，所以，如果雙方仍想要攜手共度未來，一定要懷抱著無比的決心和包容力，否則最後還是要說再見的。

讓處女動心的祕技 有禮貌，乾淨整齊，

知性話題。

讓處女窩心的禮物 健康用品、有機

食品、筆記本、精美日用品。

讓處女開心的場所 強調健康概念的

餐廳、聽演講、博物館、書店。

🦁 獅子 love 天秤

　　天秤情人是標準的「外貌協會」，除了自己愛美、注重形象之外，就連情人的長相、氣質、穿著打扮，甚至生活品味，都要一併列入考慮，只要稍有差池就淘汰，平時喜歡當濫好人，為了顧全大局，總是鄉愿妥協，但與外形有關的部分絕不會委屈求全。

　　讓這個人滿意了，可能那個人就生氣了，同意了這邊的要求，就等於拒絕了那邊的好意……最怕陷入兩難的矛盾情緒，一遇到需要抉擇的場面，不是刻意敷衍，就是隱遁逃避，直接來個不問不理。

　　對於愛情的態度是柔軟清爽，而不是濃厚強烈，即使是情人之間的相處，也只像一陣舒爽輕柔的風，或像一條澄淨透明的溪水，或像時而淡

香、時而無味的空氣，絕不是熾茂馧盛的烈愛，也不是糾糾纏纏的熱情，和一般人對愛情的期待大不相同。

獅子和天秤是一對能澈底實踐浪漫愛情、把愛情精髓發揮得淋漓盡致的戀人。獅子喜歡高調地談情說愛，這一點天秤絕對能配合得天衣無縫，因為天秤天生就是一個出得廳堂、上得了檯面、具有大將之風的社交高手，想像華美的獅子帶著迷人優雅、舉止合宜的天秤連袂出現在公眾場合時，會是一個多麼閃亮耀眼的畫面，這不僅讓獅子覺得面子十足，更有刺激愛意高漲的神奇效果。

獅子急躁，天秤溫和，所以獅子只要一遇到天秤就沒輒，因為天秤愛好和平、不喜歡吵架，當兩人意見不合時，獅子頂多自己找方法發洩抒壓，情緒很快就煙消雲散，很少出現什麼難以收拾的大問題。

◈ 如何吹奏兩人的愛情協奏曲？

雙方的契合感是渾然天成的，不矯情，不必刻意培養，即使單純地坐著也覺得愉快，對於某些事或某些狀況能很快地取得共識，不僅愛情指數穩定向上攀升，就連愛情濃度也持續增高，彼此相親相愛的情景羨煞所有人。所以，兩人只要堅持不讓沒事變有事、小事變大事，就能安然無恙地共創美好未來。

讓天秤動心的祕技 溫和，精心打扮，

熱情。

讓天秤窩心的禮物 時尚精品、香水、

音樂盒、設計師名品。

讓天秤開心的場所 優雅的咖啡廳、流行

商品店、名牌店、音樂廳。

🦁 獅子 love 天蠍

天蠍情人的愛情是濃密厚實、是深沉入裡、是專心一志、是飛蛾撲火、是欲念橫流……是沒有做好心理準備就陷落的人，承受不起、也消化不了的。滿滿一缸醋罈子，隨時等著打翻，對情人的精神與肉體施以同樣嚴格的控管，連一點細縫都不留。

疑心病重，心思縝密，觀察力過人，喜歡追根究柢，對方只要有一點不對勁，便立刻著手調查，而且是暗中偵察，絕不會做出打草驚蛇的傻事，非要查個水落石出不可，並保證讓對方心服口服。

只要認定了一個人、一段感情，再多犧牲奉獻也覺得心甘情願，最痛恨欺騙和背叛，對方若膽敢在背後亂搞，即使僅有一次，也會立刻被判

死刑，不但永無翻身之日，還可能遭到嚴厲的懲罰和報復，是一個占有欲極強、寧為玉碎不為瓦全的激情分子。

獅子的愛情是彩色的，繽紛閃亮、耀眼動人，即使可能引來令人非議或麻煩不斷的桃花，仍依然故我，不改其誇張招搖的作風；天蠍的愛情是單一的暗色系，悶熱蠢動、濃稠沉積，不愛則已，一愛懾人，非要讓對方一生一世都記得不可，異常強烈。

如果，獅子老老實實地表達出誠摯愛意，不耍花招，天蠍自然會無條件奉上珍貴的至愛，然而，若是天蠍發現獅子謊話連篇、心猿意馬，甚至背叛欺騙，則絕不善罷干休，一定會讓獅子為自己不誠實的言行付出慘痛代價。一心想在愛情裡尋樂子的獅子，不敢保證對天蠍能從一而終、至死不渝，所以乾脆敬而遠之，力保安全之道。

◈ 如何吹奏兩人的愛情協奏曲？

　　無論談什麼話題，不是各持己見，就是相互批評，根本是話不投機半句多，對生活的態度，一個灑脫一個嚴謹，對愛情的認知，一個開放一個收斂，簡直是秀才遇到兵，有理講不清，實在很難溝通。兩人之間最欠缺的就是傾聽對方心裡的聲音，若只是一昧地表達自我想法或堅持自我主張，恐怕連和平相處都有困難，更不可能談情說愛了。

讓天蠍動心的祕技 自信，循序漸進，不探隱私。

讓天蠍窩心的禮物 精油蠟燭、偵探小說、占卜工具、神祕學書籍。

讓天蠍開心的場所 電影院、幽靜木林區、具靈異氣氛的場所。

🦁 獅子 love 射手

　　射手情人無法在兩人世界耽溺太久，才相處幾天，立刻把平時陪在身邊瞎混瞎聊的好友拉攏過來，一起吃喝玩樂、遊山玩水，從兩人世界變成三人，再變成六人、十人……最後狐群狗黨全都上場，明顯多了插科打諢的歡樂氣氛，但浪漫的愛情氣息則蕩然無存。

　　沒有定性，所以無法和同一個人膩在一起太久；熱愛自由，所以無法被同一段情感長時間束縛；討厭壓力，所以無法給出一個具體的承諾。絕大部分的基本特質與愛情本質是相悖的，且改變不易。

　　因為自己開朗樂觀、大方豪邁，因此希望對方也是個正向陽光、心胸開闊的人，如果一天到晚只在乎小細節、只是唉聲嘆氣、只想緊迫盯

人、只吵著要兩人獨處、只懂得用恐嚇威脅、只會說一些假裝讚美的應酬話，那麼，兩人的結局恐怕凶多吉少。

獅子喜歡射手奔放開朗、無拘無束的性格，對於一向強調要玩得開心、愛得大方的獅子來說，射手的所有表現都令人滿意，因為愛好自由的射手不會給人絲毫的壓迫感、因為愛好旅行的射手總有說不完的有趣經歷、因為愛好冒險的射手可以陪著獅子東奔西闖，體驗精彩豐沛的人生，兩人可說是一拍即合。

雖然，射手花心的習慣常讓獅子為之氣結，但只要射手說幾個笑話或玩幾個趣味的把戲，就能把獅子逗得樂不可支，氣氛立刻轉為歡樂，所有惱人的不快皆拋諸腦後，獅子和射手猶如一對契合的愛情玩伴，快樂總是多於悲傷，笑聲總是多於淚水。

◇ 如何吹奏兩人的愛情協奏曲？

　　初見對方的感覺，即使沒有如天雷勾動地火般的激烈，一定也有小鹿亂撞、心跳加快那種被愛神之箭射到的甜蜜感覺，簡單地說，就是好感說不完的一見鍾情。兩人才相處三天就像認識了三年似的，完全不需要適應期，也沒有使人感覺不快的隔閡，任何困難都可攜手共度，相知相隨，親暱熱切，情感濃烈的幸福程度，讓所有人都羨慕不已。

讓射手動心的祕技 不約束，講笑話，活動力強。

讓射手窩心的禮物 旅遊用品、太陽眼鏡、笑話書、民族風飾品。

讓射手開心的場所 具異國風情的餐廳或景點、同樂會、大自然。

獅子 love 摩羯

摩羯情人凡事追求踏實安定，即便遇到以夢幻浪漫為本質的愛情，亦不改其堅定不移的態度和立場，一旦決定與某人交往，必是以結婚為前提作考慮，認真程度一如面對工作時的嚴謹負責，而且備有長期周詳的愛情計畫，絕不輕言兒戲。

表面看起來穩健自信，其實內心摻雜著脆弱悲觀的性格，需要身邊的人時不時地給予肯定和鼓勵，才得以抒解壓力和排解苦悶，繼續努力向前，所以情人必須扮演多重角色，既要是溫柔體貼的情人，也要是善於傾聽兼加油打氣的心靈導師。

不懂享受，毫無情趣，更惶論花錢花心思買生日禮物、過情人節或為紀念日慶祝，舉凡基本

生活需求之外，一切從簡，認為真正的愛情應該是兩個人老老實實地同甘共苦，而不是不知民間疾苦地拚命享樂。

獅子的花俏和快速是摩羯跟不上的，而摩羯的務實和堅持是獅子學不來的，兩人就像話不投機半句多、情不投緣半日煩的怨偶。當獅子恣意狂戀、享受愛的原欲時，另一方不但無心參與，還忙著盤算安全指數，深怕一不小心脫了軌，後果不堪設想。

獅子掉入愛河是一時衝動、是一種感覺、是一個無法預料的意外，所以也不需要為未來保證什麼，只要當下的這一刻愛得痛快盡興，就覺得滿足快樂，但是一向條理分明、事事目標化的摩羯，即使面對令大部分人神志不清的愛情，卻仍可保持一貫地嚴肅清醒，不鬆懈、不妥協，和獅子的愛情觀截然不同。

◈ 如何吹奏兩人的愛情協奏曲？

大部分的時候，雙方就像兩條平行線，很難有交集，既不想知道對方的任何訊息，也不可能主動關心對方，總是各自為政、互不搭理。因為彼此沒有互動的渴望，所以即使有接觸的機會，也很難建立在愛情上。基本上，要兩人相安無事地相處，並非難事，反而要培養出情投意合的愛意是比較不容易的，所以，一定要不斷地運用各種方式激發出自己與對方的熱情，才有可能長相廝守，直到永遠。

讓摩羯動心的祕技 言之有物的談話，端莊，正面思考。

讓摩羯窩心的禮物 名牌皮件、經典文具、實用的傢俱、古董。

讓摩羯開心的場所 山區、公園、郊外、書店、古蹟、博物館。

獅子 love 水瓶

水瓶情人常因博愛精神而被認定為花心大蘿蔔，其實這性格特質與愛情是無關的，必須分開來看待。在還沒確定一段感情之前，廣交異性，來者不拒的行為，的確容易被當作遊戲人間的花蝴蝶，可是一旦定下來之後，則自然會收斂許多，只留唯一的真愛。

無論在思想或行為上，都追求最大限度的自由，只要有一點拘束限制的感覺，立刻毫不客氣地變臉走人，寧可放棄甜蜜的情愛、契合的交流、溫暖的陪伴，也要爭取自我應有的空間。

聰慧、自我、創新，所以特別喜歡反應快、有想法，而且夠獨立的對象，不管大部分人的愛情模式和規則是什麼，只願意接受讓自己覺得舒服快樂的方式，即便可能因此引發爭端、招來非

議，仍堅持繼續試探衝撞，直到雙方找到相同的頻率為止。

獅子喜歡的愛情模式是轟轟烈烈，喜歡情人的類型是熱情有勁，若以這兩個重點來看，水瓶顯然很快就被淘汰出局了。獅子像一碗熱湯，隨時等著溫暖別人的心，而水瓶卻像一塊冰塊，總是能在三秒之內讓所有熱度降溫，一熱一冷的反差極大，不知該如何磨合。

不過，獅子是一個勇於挑戰與冒險的人，越是難攻的山頭，越有想要征服的衝動，而在愛情世界裡，水瓶就像一座能激發獅子鬥志的冰山，特別容易吸引獅子的注意，只是接下來的發展和造化，就要看彼此願意為對方表現多少誠意和愛意了。

◈ 如何吹奏兩人的愛情協奏曲？

　　一開始就注意到對方，但沒有好感，看不順眼，隨口就可以講出對方千百個令人討厭的缺點，沒想到慢慢地，越看越有趣，臉上笑容變多了、心變柔軟了、喜上眉稍的感覺藏不住了，冤家變親家，一段致命吸引力的情緣從此展開……既然彼此真有愛意，就應該多包容、多站在對方的立場思考，相互磨合修整，互斥自然就變成了互補，美麗圓滿。

讓水瓶動心的祕技 獨立，以退為進，培養相同興趣。

讓水瓶窩心的禮物 最新科技商品、科幻小說、漫畫書、奇特商品。

讓水瓶開心的場所 3C賣場、天文館、可觀星的郊外、展覽會。

獅子 love 雙魚

　　雙魚情人希望自己二十四小時都能在愛情海裡悠遊，不用管生活的壓力、煩人的工作、複雜的人際，只要整天和情人黏在一起，你儂我儂、甜甜蜜蜜，就等於擁有了無與倫比的快樂。

　　情緒是混雜的，情感是曖昧的，搞不懂自己到底想要什麼，說不清自己到底愛誰比較多，一旦處於質詢逼問的緊繃場面，只會選擇逃離，留下關係糾纏交雜的爛攤子。生性膽小怯懦，學不會拒絕，也不懂得分寸和自制，特別容易被人騙，或在不知不覺中騙了別人。

　　愛聽對方講心事，也喜歡講自己的故事給對方聽，快樂時一起大笑，悲傷時一起落淚，情感被交融得濃稠緊密，從此認定那就是浪漫情懷、就是千金萬金買不到的至愛真情，但誰知過幾天

又遇到情投意合的對象，所有夢幻感性重新再來一遍，彷彿沒完沒了的情愛輪迴。

獅子對雙魚的初識印象極佳，不但驚為天人，而且很快就被雙魚的溫柔電力電得意亂情迷，才分開三分鐘就像過了三年一樣久，難忘雙魚的溫軟香玉和似水柔情，尤其因為雙方一霸氣一屈服的特質反差，更讓獅子充分享受到獨一無二的王者氣勢，心頭大喜。

可惜好景不常，昨日的美很快就成了今日的醜，沒耐心的獅子開始出現疲態，不久前還逢人就稱讚雙魚的婉約善良，現在卻覺得雙魚軟弱畏縮，又過度悲觀，嫌棄鄙夷的神態溢於言表，慢慢地，獅子的暴躁常把雙魚嚇得不知所措，而雙魚的愚痴怯懦又把獅子給惹毛了……真是惡性循環，沒完沒了。

◈ 如何吹奏兩人的愛情協奏曲？

　　彼此之間好像隔著千山萬水，只能遙遙相望，不太有機會親近對方，而雙方也的確都沒什麼相互接觸的意願，屬於感情難以培養的組合。每次好不容易努力把兩人送作堆，卻又狀況連連，不是一方莫名地礙著了另一方，就是雙方互不給好臉色，實在難相處，所以，兩人特別需要學習摒除成見與耐心溝通，才有可能進一步往好的方向發展。

讓雙魚動心的祕技 浪漫溫柔，主動，體貼。

讓雙魚窩心的禮物 手製卡片、花、水晶飾品、巧克力、宗教飾品。

讓雙魚開心的場所 海邊、有月光的公園、動物園、靈修場所。

12星座之天使與魔鬼

天使牡羊：熱心，真誠

　　　　　　　　　　魔鬼牡羊：粗暴，衝動

天使金牛：溫柔，可靠

　　　　　　　　　　魔鬼金牛：頑固，耍牛脾氣

天使雙子：風趣，資訊達人

　　　　　　　　　　魔鬼雙子：花心，沒原則

天使巨蟹：奉獻，善解人意

　　　　　　　　　　魔鬼巨蟹：濫情，猜疑

天使獅子：大方，誠懇

　　　　　　魔鬼獅子：權勢，剛愎自用

天使處女：服務，負責

　　　　　　魔鬼處女：批判，規矩多

天使天秤：優雅，妥協

　　　　　　魔鬼天秤：推拖，好逸惡勞

天使天蠍：專心，堅持

                魔鬼天蠍：嫉妒，報復

天使射手：開朗，直率

                魔鬼射手：直言，不切實際

天使摩羯：勤奮，謙遜

                魔鬼摩羯：刻板，現實

天使水瓶：創新，人道精神

                魔鬼水瓶：抽離，冷漠

天使雙魚：愛心，關懷

                魔鬼雙魚：混沌，說謊

PART 5

12 種上升星座，12 種獅子

除了基本的太陽星座，

上升星座在深入探討性格時也會被談到，

它會影響了個人的相貌特徵和外型氣質，

還包括呈現給別人看的性格面具。

上升星座查詢連結（需要輸入出生年月日時間及地點）

https://www.astrotw.com/horoscope/asc

 # 上升星座落在牡羊的獅子

上升牡羊的相貌特徵

⭐ 頭部比例明顯較大

⭐ 不高大，但具結實感

⭐ 手掌和腳掌比例較小

上升牡羊的外型氣質

⭐ 精力旺盛，急躁直率

⭐ 眼神中透出天真單純的氣息

⭐ 直言，自然，不做作

上升牡羊的人，就像不經困境、不克服挑戰就覺得不夠痛快的勇士，精神振奮、生氣勃勃，全身散發著旺盛的精力和無懼的勇氣，行動迅速

敏捷，隨時處於征戰狀態，有強烈的競爭和好戰意識，見一個打一個、見兩個打一雙，企圖以具體行動來證明自己的實力。

上升星座落在牡羊的獅子，如火的熱情，馳騁的快感，讓旁人看了都大呼過癮，是一個一直處於活動狀態、無法閒靜下來的人，生命的意義在一次又一次的衝撞與實踐中完全展現。

天生就有一種傲世的霸氣，作風強勢、目中無人，頗具領導才能，但不一定能服眾，必須經歷各種場面與面對不同的問題，並且和眾人長時間累積堅實的革命情感，才有機會成為受人愛戴的領導者。

積極活躍、誠懇正直、情義相挺的特質，對於人際關係的培養有正面效果，雖然，難免有不小心惹得一身腥或熱心過了頭的疑慮，卻仍然始終對人性抱持著光明的看法。

 # 上升星座落在金牛的獅子

上升金牛的相貌特徵

☆ 身材比例均勻而厚實

☆ 下巴、脖子的線條優美

☆ 成年後有容易變胖的傾向

上升金牛的外型氣質

☆ 溫和，不多話

☆ 情緒穩定，動作緩慢

☆ 有時會顯露出無辜的模樣

上升金牛的人，讓人感覺穩重溫和、緩步優雅，做起事來不疾不徐，既不懂得趨炎附勢，也不隨波逐塵，有自己的步調節奏和原則方法，凡事強調事前規畫與嚴格執行，絕不會讓怠惰壞了大事；喜歡一切與美麗有關的事物、氛圍、感覺，具有一定程度的生活品味。

上升星座落在金牛的獅子，一個在乎的是自己能擁有多少，一個在意的是能給予別人多少，這是保守與開放、穩定與冒險、節儉與奢華的組合，唯一相同的是一直緊握在自己手上的掌控權。

善於用最小的力量，做最大的發揮，雖然講究排場，卻能做到不舖張浪費，雖然很愛面子，卻能屈能伸，而且總是顧全大局、為人著想，即使因此吃一點虧，也不會太計較，懂得放長線釣大魚。

喜歡美麗的人事物，偏愛雍容華貴的感覺，不僅以此原則身體力行，同時也會用這樣的標準來衡量別人，在某種程度上，也算是一個強調物欲，且極需得到別人肯定的人。

🦁 上升星座落在雙子的獅子

上升雙子的相貌特徵

⭐ 肩膀寬厚，肩線明顯

⭐ 手指靈活或比一般人長

⭐ 大多有視力的問題

上升雙子的外型氣質

⭐ 反應靈活，動作敏捷

⭐ 表情多，愛說話，且速度很快

⭐ 情緒變化快

上升雙子的人，反應靈巧機敏，頭腦轉速是他人的好幾倍，對於周遭人事物的感知力甚強，隨機應變、見風使舵是不費吹灰之力就能運用得

宜的拿手絕活；聰慧俐落、點子多，對於知識與資訊的吸收消化能力特別強，經常在團體中扮演訊息交換者的角色。

上升星座落在雙子的獅子，能力強、反應快、多才多藝，但很怕麻煩囉嗦或步驟繁複的事，只做輕鬆的工作，喜歡速戰速決，只要稍微一慢下來，就會失去耐性，甚至抓狂、發脾氣。

辯才無礙、表達能力佳，對於不聽勸告的頑劣分子可以動之以情，對於漫無章法的閒遊分子可以說之以理，對於缺乏自信的弱勢分子可以信心喊話，讓人感覺像一個有智慧的領導者。

善於經營人際關係，標準的派對動物，無論是遇到階級地位相當的人，或是身分懸殊的族群，甚至是看不順眼的死對頭，都能順應對方的習性隨機調整改變，社交能力高人一等。

🦁 上升星座落在巨蟹的獅子

上升巨蟹的相貌特徵

- ✪ 胸部寬厚、凸顯
- ✪ 皮膚細緻，身材豐腴，
  屬易胖體質
- ✪ 重心在上半身

上升巨蟹的外型氣質

- ✪ 眼神明亮，含水感
- ✪ 情緒起伏大
- ✪ 沒有侵略性

　　上升巨蟹的人，給人一種害怕陌生、畏縮膽怯的印象，但本身親和力十足，總是在他人低潮

受困時大方伸出援手；對於喜樂哀怒的情緒轉換掌控制能力不佳，易情緒化；重心大多放在自己家庭，或與家庭有關的事務上，例如為家人打理大小事宜，甚至為家人犧牲奉獻等等。

上升星座落在巨蟹的獅子，就像雄性雌性兼具的王者，不但有雄霸一方的氣勢，也有溫暖親切的柔情，該板起臉孔威嚇嚴懲時，絕不手軟，該擁抱安慰以表體恤時，也絕不吝嗇，懂得善用恩威並施之理。

表面上和每個人都相處融洽，有福同享、有難同當，其實私底下是一個防衛心強、刻意與人保持距離的人，只是平時用社交手腕和親切笑容掩蓋了真實性格，不讓人察覺被隱藏起來的脆弱的心。

平時表現溫和可親，但只要一遇到敵人，便立刻拿出勇氣，卯足全力抗敵，英勇堅毅、誓

死不退，不過，如果因為某人或某事導致信心瓦解，則可能從此一蹶不振，再也找不回英姿煥發的模樣。

 # 上升星座落在獅子的獅子

上升獅子的相貌特徵

- ✪ 頭較大，頭髮自然捲，肉結實
- ✪ 眼睛大而圓，且眼角向上揚
- ✪ 成年後有容易變胖的傾向

上升獅子的外型氣質

- ✪ 眼睛炯炯有神，氣勢凌人
- ✪ 光明磊落，精神奕奕
- ✪ 開朗，愛表現

上升獅子的人，自認是天生活在舞台上、被聚光燈追著跑、擁有眾多支持者的王者，活力充沛、自信滿滿、開明華麗，隨時隨地都在想辦法引起他人的注意，自尊心十分強盛；領導才能突顯，而且架勢十足，自願扛起指揮坐鎮的重責大任，同時享受被人愛戴尊崇的榮譽。

上升星座落在獅子的獅子，只要一現身，唯我獨尊的氣勢銳不可擋，也不管別人是怎麼看、怎麼想的，總之，一切自己說了就算，認為他人聽命於己是天經地義的事，狂妄自大，不可一世。

熱情樂觀、正直誠懇的特質，猶如一道明亮溫暖的光芒，包覆著正在低潮、極需援助、渴望被拯救的人們，帶領大家遠離黑暗、迎向光明，王者風範在此刻發揮了最大的力量，並得到令人滿意的回饋。

自認為身分尊貴，且地位崇高，所以特別喜歡擺架子、講排場、愛面子，非要大家表現出一副畢恭畢敬的尊敬模樣不可，否則就大發雷霆，毫不給對方留情面，強勢霸氣的作風，常讓人不敢苟同。

上升星座落在處女的獅子

上升處女的相貌特徵

- ✪ 骨感,身材比例細緻
- ✪ 下巴較尖或較瘦,嘴巴較小
- ✪ 屬於乾性膚質

上升處女的外型氣質

- ✪ 清爽整齊,有禮貌
- ✪ 拘謹,小心翼翼
- ✪ 隨時注意任何細節

上升處女的人,端莊有禮、心思細微、嚴謹務實、認真負責,符合一般社會化標準的期待,容易給他人留下良好的第一印象;組織力和分析

力特別強，可以在極短的時間內，把一件事從亂無章法整理成井然有序的系統化，被公認為精練能幹的效率達人。

上升星座落在處女的獅子，一個拘謹務實，一個外放狂妄，兩種衝突的特質融合之後，效果反而出奇的好，原本自負自大的君王，經過適當修正後，變得實際又有紀律，令人欣賞敬佩。

對於事情的分析和組織能力有獨特天分，無論面對如何紊亂混雜的狀態，都可運用自己的聰明才智，加以分析、歸納、排列、整合，改造成一個全新的、有秩序的局面，讓人耳目一新。

有時過於講排場、好大喜功，已經到達舖張浪費的程度，卻毫無自覺，有時又過於精打細算，要求報酬率，讓人留下愛計較的負面印象，總是無法拿捏得當，對金錢的掌控能力有待加強。

上升星座落在天秤的獅子

上升天秤的相貌特徵

⭐ 身材適中，骨架勻稱

⭐ 下巴多有稜角，雙唇飽滿

⭐ 穠纖合度，不易過胖或過瘦

上升天秤的外型氣質

⭐ 舉止優雅得體

⭐ 有親和力，給人舒服的感覺

⭐ 口才好，具社交手腕

上升天秤的人，優雅迷人、強調公平原則、善於社交，除非遇到過於不合理的狀況，否則大多會選擇配合他人，以避免製造不愉快的爭端；必須存在於人群團體之中，才會有安全感，無論做什麼都喜歡有人陪伴，藉著與他人的互動，感受自身的需求與心理狀態。

　　上升星座落在天秤的獅子，一聽到、看到、接觸到工作或任務就頭痛，避之惟恐不及，但只要一提到吃喝玩樂，立刻眉飛色舞、神采奕奕，好像整個人都活過來似的，就算徹夜不眠也不覺得累。

　　一輩子最怕的兩件事就是安靜冷清和沒有人作伴，是一個希望無時無刻活在歡樂氣氛裡的人，不僅會主動製造熱鬧、愉悅的氛圍，也會盡量選擇性格開朗樂觀且生活品味不差的人作朋友。

脾氣倔強執拗，尤其是興致一來，想要怎麼做就怎麼做，不管是非對錯、合不合理，一定要搶到、贏得自己所願，否則沒完沒了，只要自己一刻得不到想要的東西，其他人也就一刻不得安寧。

上升星座落在天蠍的獅子

上升天蠍的相貌特徵

⭐沒什麼腰身，臀部豐滿

⭐毛髮烏黑又濃密

⭐眼神深邃神秘

上升天蠍的外型氣質

⭐獨特的神秘魅力

⭐話不多，冷酷靜默

⭐性感，悶騷

上升天蠍的人，習慣將真正的情緒藏於內心，外表冷靜內斂、沉著鎮定，與他人之間彷彿隔著一道銅牆鐵壁，堅硬厚實，難以攻破；獨特的神祕魅力、堅忍不移的專注力、無法撼動的意志力，組合成一股凡人難敵的吸引力，靜謐卻幽遠地影響著身邊的每一個人。

　　上升星座落在天蠍的獅子，這是黑暗與光明、內縮與外放、自制與狂妄的結合，拉扯力量一直存在，甚至會因為外在壓力等干擾因素而產生巨幅振盪，內心負面情緒找不到抒發的出口，常覺得疲累不堪。

　　自信十足、企圖心強烈，對於一心想完成的夢想，有一股不達目標絕不放手的爆發力和持續力，尤其當困難出現時，更能激發信念與勇氣，頓時化身為驍勇善戰的將軍，突破重圍，再創佳績。

只要是歸屬於自我領地範圍的親朋好友，總是寬容以待、照顧有加，但若非我族類，則一律依法行事，稍有犯錯或誤觸地雷，便施以刑罰，而罪行重大者，甚至不排除嚴責厲懲，絕不寬待。

🦁 上升星座落在射手的獅子

上升射手的相貌特徵

⭐ 身材重心在下半部

⭐ 大腿特別結實

⭐ 怕熱，容易出汗

上升射手的外型氣質

⭐ 帶著一點喜感，很開心

⭐ 笑聲大，笑容燦爛

⭐ 粗線條，常跌倒或打翻東西

上升射手的人，永遠是那麼快樂無憂、精神奕奕、瀟灑自在，雖然也常被粗心大意或隨興而起的性格所害，但終究是一個樂觀主義者，所有煩惱皆能轉頭就忘，完全不留痕跡；喜歡學習、交朋友和旅行，善於發揮正面的能量，並努力以行動實踐自己的理想。

上升星座落在射手的獅子，認為人生就是充滿歡笑的遊樂場、永遠陽光普照的快樂天堂、無憂無慮的幸福桃花源，即使遇到天大的困難，也只是一笑置之，總覺得時間會改變一切，沒什麼好擔心的。

賭性堅強，偏好投機性的遊戲，雖然本身有些偏財運，但終究不是長久之計，無法當作永遠依賴的可靠技能，一旦養成好吃懶做、好發大夢的習性，則人生發展堪慮。

暴躁、沒耐心，前一秒還與人相談甚歡，下一秒就可能因為一言不合而大打出手，雖然脾氣來得急也去得快，但因猛爆型脾氣容易讓人驚嚇過度，只要發生一次，給人的負面印象就很難抹滅了。

上升星座落在摩羯的獅子

上升摩羯的相貌特徵

☆ 骨架大，肌肉結實

☆ 皮膚顏色較深，髮質較粗

☆ 身材大多屬於清瘦型，
不易發胖

上升摩羯的外型氣質

☆ 嚴肅，表情不多，沉靜

☆ 帶著一股憂鬱氣質

☆ 少年老成的模樣

上升摩羯的人，外表看起來比實際年齡成熟，散發一種不開心的憂鬱特質，讓人覺得拘謹嚴厲，不易親近；做事循規蹈矩、勤奮不懈、嚴守分際，標準的實際主義者，不浪費時間在沒有實質獲利的事情上，付出一分耕耘，就要有一分收穫，不占人便宜，但也不吃虧。

　　上升星座落在摩羯的獅子，對於權勢、聲望、地位等與社會形象有關的事物，表現特別積極，所下的每個決定、所做的每件事、所經營的每段人際關係，都有紮根厚植的長遠目的，絕非隨興而為。

　　不隨便給任何人承諾，但只要答應了對方，一定會信守諾言，即便過程困難重重、驚險不斷，還是會咬牙撐過，使命必達，是一個為了給人留下信賴印象而全力以赴的人。

喜歡美麗奢華的生活、喜歡擁有令人羨慕的社會地位、喜歡一般人達不到的非凡成就、喜歡受到眾人的敬佩愛戴……但這一切都是物欲堆砌而成的，本身欠缺提升精神層次的能力。

上升星座落在水瓶的獅子

上升水瓶的相貌特徵

- ✪ 身材比例姣好
- ✪ 手和腿的曲線優美
- ✪ 皮膚細緻白皙

上升水瓶的外型氣質

- ✪ 帶著靈氣的獨特美感
- ✪ 思緒清晰，說話條理分明
- ✪ 冷靜，有自己的想法

上升水瓶的人，低調冷漠、古怪獨特，不喜歡惹人注意，總是站在遠離核心的邊陲地帶，以冷眼旁觀的姿態看著一大群行為模式相同的人，

我行我素，需要百分之百的自由；對於與人類福祉相關的活動特別熱衷，是一個極具博愛精神的人道主義者。

上升星座落在水瓶的獅子，一個是淡泊名利、兩袖清風，一個是重視名利、喜歡掌聲，兩種特質互斥，彼此相看兩厭，對於對方的價值觀不以為然，因此心裡常處於交戰掙扎狀態。

思考邏輯、基本價值觀、行為模式都和一般人不相同，給人一種固執又自我的印象，覺得自己的想法最正確、做法最有效，老是把別人的建議當耳邊風，我行我素，不理會眾人的批評聲浪。

天生有一種奇異的創造力，思想活躍，與眾不同，即使和大家面對一樣的東西，也能玩出令人意想不到的花招，不受傳統規則束縛、不循既定模式創作，喜歡用特異的方式呈現內心想法，創意源源不絕。

上升星座落在雙魚的獅子

上升雙魚的相貌特徵

✪ 頭的比例較小，髮質柔細

✪ 眼睛大，但是無神

✪ 膚質好，腿細長

上升雙魚的外型氣質

✪ 眼神時而迷濛、時而無辜，
很會放電

✪ 夢幻，膽怯，心不在焉

✪ 情感豐富，易被影響

上升雙魚的人，愛幻想、情感豐沛、靈氣逼
人，散發著惹人憐愛的溫柔氣質，對於音樂和藝

術的感受力遠遠超越一般人，但容易產生悲觀的想法，自信不足，怯懦膽小；配合度高，沒有強烈的企圖心，不喜歡沉重的責任和競爭的壓力，追求形而上的精神生活。

上升星座落在雙魚的獅子，是仁慈體貼、慷慨大方的王者，有好的東西絕不私藏，一定會拿出來和大家分享，而且胸襟寬大，具有包容力，樂於原諒別人，幾乎不跟人計較。

心軟、耳根子也軟，再加上純真簡單的想法，往往成為有心人士眼中的肥羊，不懂得分辨是非好壞，一視同仁，別人只要耍些小手段，就能輕而易舉地取得信任或騙得同情心。

無論舉手投足、思想模式、言語表達都充滿了讓人眩目的創意，全身散發渾然天成的藝術細胞，不僅快樂地悠遊於經典作品之中，更能在融會貫通後，創造出屬於自我獨特意念的作品。

PART 6

怎麼辦？獅子～

人不可能永遠遇到好人或只與自己契合的人相處，
一旦遇到令自己覺得不舒服、厭惡、痛苦的人，
該怎麼辦呢？
這裡的求生術將帶你脫離苦海，
打造美麗人生！

🦁 遇到粗心牡羊，怎麼辦？獅子～

　　牡羊因為求快，所以忽略細節，因為求多，所以無法顧及品質，如果不詳檢細究，從表面看來，牡羊總是能把事情做得又快又好，從不拖延，傾力投入，讓人不禁為那一股拚命達成任務的傻勁和精神而感動。可惜，金玉其外、敗絮其中，只要近距離仔細一看，就會對坑坑疤疤、丟東落西的結果大失所望，然而，這才是牡羊真正的風格。

　　獅子雖然脾氣急躁，鮮少關注枝微末節的細處，但為了維持王者風範與聲望，還算能盡量保持在一定的水準之上，但牡羊則只顧著自己想做的事，把其他注意事項都扔在一旁，不聽不聞，毫不在乎。

　　當獅子遇到牡羊時，也不必費力勸導或糾正，只要在對方粗心得太過分時，獅吼兩聲，達到暫時性嚇阻作用，就算兩全其美的辦法了。

遇到緩慢金牛，怎麼辦？獅子～

　　金牛的緩慢是有道理的，試想，牛兒一輩子的時間都在田裡度過，每天日出而作、日落而息，除了吃飯睡覺之外，就是拉著耕作機，四隻腳踩在爛泥裡，神情專注，勤勤懇懇，埋首耕耘，毫不鬆懈馬虎，崇尚慢工出細活的人生哲學，不為邀功、不願搶快，只想求得好品質，為自己的辛勞下一個完美註解。

　　獅子要忙的事不少、要玩的樂子更多，實在受不了把大量的時間耗在同一件事情上，但金牛以慢工出細活聞名，只要速度一加快，就會緊張到腦筋一片空白，連下一個動作要做什麼都全忘了。

　　當獅子遇到金牛時，不可用自己的標準去要求對方，那只會揠苗助長，還不如多給對方一些空間和時間，才能得到皆大歡喜的結果。

遇到善變雙子，怎麼辦？獅子～

雙子對於「變化」的渴求，就像人要呼吸、吃飯、睡覺一樣，是一種不需要特別說明、毫無理由的天性。雙子討厭固定、痛恨重覆、受不了規則，別人認為沿襲舊制，省時省力又可避風險，雙子卻覺得玩新花樣才是王道。雙子隨時都在尋找新題材，一日數變是家常便飯，朝秦暮楚更是怎麼也改不了的自然本性。

獅子雖不是一板一眼的人，但在行動之前仍會盡量做到一定程度的規畫，並非且戰且走的隨興分子，而雙子卻喜歡千變萬化的行事風格，沒有任何框架和規則，只有源源不絕的新鮮感。

當獅子遇到雙子時，不妨先談好雙方都可接受的某個範圍，然後就放手讓對方發揮，只管結果、不問過程，兩人都會覺得輕鬆愉快。

遇到多愁善感巨蟹，怎麼辦？獅子～

　　巨蟹看待一件事，總是不由自主地用負面角度思考，缺乏安全感，老是覺得有不好的事情要發生，明明晴空萬里，卻硬要說烏雲很快就會飄過來了，接著，狂風暴雨、雷電交加，難逃一場史無前例的大災難……事實上，花兒照樣開，鳥兒照樣叫，什麼事也沒發生，一切都是巨蟹自己嚇自己，同時也給了旁人莫名的壓力。

　　獅子光明磊落、大方樂觀，對於已經發生的事，不管是美好或痛苦，都不留戀，一切都只往前看，對未來總是充滿希望，而巨蟹則生性悲觀，嚴重時甚至自我封閉，走不出愁雲慘霧的情緒漩渦。

　　當獅子遇到巨蟹時，應該藉由開朗陽光的性格來感染對方，少發點脾氣，多用些耐心，讓對方有時間適應，彼此會相處得更好。

遇到驕傲獅子，怎麼辦？獅子～

　　獅子一生永遠不缺的就是滿滿的自信，在風光顯赫的時候，盡享眾人的掌聲和擁戴，在平凡貧乏的時候，持續努力往明亮的高處前進，在黑暗低潮的時候，仍不放棄贏得夢想的企圖。獅子對於自己本身與所擁有的一切皆感到無比驕傲，堅信自己是這世界上獨一無二、無人可取代的，全身散發一股傲氣逼人的氣勢。

　　獅子有強烈的自我認知，對於自己的才華能力一向信心滿滿，縱使身邊充斥各種正面與負面的評價，仍不為所動，自視甚高，肯定自己的選擇和做法，誓言一生都要坐穩王者的寶座。

　　當獅子遇到獅子時，可能是王不見王的敵意，也可能是惺惺相惜的交心，總之，雙方只要願意拿出誠意，美好未來，指日可待。

🦁 遇到挑剔處女，怎麼辦？獅子～

處女凡事都往最細小、最精微的地方鑽，整個人就像一支千倍放大鏡加高速雷達，無時無刻對周遭的人事物進行最高等級的偵測，只要出現一點點誤差，哪怕是零點零幾，同樣毫不留情的揪出來，嚴加檢討、擬訂改進方案，並澈底執行。處女的挑剔成就了自己認真務實、負責任、高效率的好口碑，但也在人際互動上形成一道看不見的障礙。

獅子要做的、要忙的、要管的事多如燒餅上的芝麻，如果每件事都堅持做到最好，恐怕一天有四十八小時都不夠用，所以從不吹毛求疵，而處女向來挑剔嚴謹，心裡只有一百分，絕不可能出現第二種標準。

當獅子遇到處女時，忽略對方的直言批評要比兩人對衝硬損要好多了，想想對方只是難搞，並非惡意找碴，心情自然就舒坦多了。

遇到鄉愿天秤，怎麼辦？獅子～

　　天秤一輩子最怕的事就是得罪別人，不管誰對誰錯、是非黑白，反正就是無法接受尷尬或緊張的人際關係，寧願自己鞠躬哈腰、居中協調、四處勸說、陪笑裝低姿態，也不能讓自己的形象被任何一個人扣到分數，耗盡所有能量、用盡所有人情、拚盡所有力氣，就是為了營造美好的門面與一團和氣的舒適氣氛。

　　獅子只當一呼百諾、威風凜凜的尊王，讓別人來配合自己，絕不可能低聲下氣地迎臉陪笑，或是當一個跟隨著，而天秤卻經常充當濫好人，把自己搞得團團轉，就為了努力維持和諧氣氛。

　　當獅子遇到天秤時，衝突的機率不高，原則上可以相安無事，不過，兩人還是比較適合一起玩樂，而不適合一起工作。

遇到好強天蠍，怎麼辦？獅子～

天蠍生來倔強、不認輸，對於訂下的目標，堅持達成，即使在這一路向前的過程中，可能需要上刀山、下油鍋，仍義無反顧。天蠍之所以能忍人所不能忍，關鍵就在於比別人多了一份堅毅的信念，絕非只是傲骨的硬撐，或被某人某事刺激之後的拚勁，而是對自我負責的表現，不需給任何人交待，只跟自己比賽，有一股求好的強烈決心。

獅子要的是面子，天蠍要的是面子和裡子；獅子要爭第一，天蠍也不想當第二；獅子要成為人群裡最閃亮的一顆星，天蠍要成為眾人心裡永遠不會忘記的深刻標記。

當獅子遇到天蠍時，一場氣勢勝負之爭是少不了的，但對方是難防的暗箭，還是要小心為上，以免一時失誤而賠上所有身家性命。

遇到心直口快射手，怎麼辦？獅子～

射手性子急、動作大又快，說話更是口沒遮攔，不管面對什麼對象或處於什麼場合，射手的表達都只有二個動作，第一個是「想到」，第二個是「立刻脫口而出」，省略了在腦子裡思量和修整的過程，所以總是讓對方感覺像被突如其來的亂箭射中一般，遍體鱗傷，痛到不支倒地，但射手卻還能繼續眉飛色舞地敘述著，毫無知覺。

獅子雖然脾氣急躁、耐心欠佳，和他人說起話來更是口氣狂妄，但若真要比直言坦率，恐怕射手才是無人能敵的天下第一。

當獅子遇到射手時，雖覺對方說話不經大腦，聽起來讓人渾身不舒服，但心裡卻十分清楚對方只是有口無心，比起其他嘴甜如蜜、心思陰險詭詐的人要坦白正直多了，所以氣消即罷，不必記恨。

遇到無趣摩羯，怎麼辦？獅子～

摩羯熱愛工作到了連旁人都看不下去的地步，每天一睜開眼想到的是工作，走路、吃飯、睡覺也不例外，假日時只要沒有事先安排活動，就會忍不住把工作拿出，立刻進入狀況，變身為工作狂人，而且，摩羯特別重視進修，在扣除工作之後所剩不多的時間裡，總是不斷看書、研究，活生生就是一個玩樂絕緣體。

獅子把吃喝玩樂當成人生大事來做，少不了也輕忽不得，日日狂歡、夜夜笙歌的生活，簡直快樂似神仙，但摩羯則把工作和努力學習擺第一，對於玩樂興趣缺缺，甚至嗤之以鼻。

當獅子遇到摩羯時，道不同不相為謀，既是兩個極端，就不必勉強硬湊在一起，各司其職、互不干涉，就是最佳相處之道。

遇到強烈自主水瓶，怎麼辦？獅子～

　　水瓶不受禮教約束、痛恨規矩制度，更不信高官權威那一套，總是我行我素，不按牌理出牌，沒興趣理會別人、不想干預別人，也不希望被任何人打擾，縱使可能因為價值觀與大部分人不同、思想與其他人有落差、生活模式與大家南轅北轍，而必須付出相當的代價，但只要最後能按照自己的步調生活，一切都是值得的。

　　獅子有自視甚高的自大情結，水瓶有千山我獨行不必相送的自我心態，兩人各擁山頭、各占領域，誰也不服氣誰。

　　當獅子遇到水瓶時，不要企圖用強硬的手法或威嚇的氣勢來壓倒對方，這只是徒勞無功，倒不如給予適度的空間，並擅用對方的專長來為自己效勞，雙方各取所需，自然就能和平共處，避免爭端。

🦁 遇到膽小雙魚，怎麼辦？獅子～

雙魚缺乏勇氣，沒有安全感，經常活在擔心受怕的情緒之中，明明眼前一片坦途，卻老是覺得危機四伏，明明已經做好萬全的準備，卻仍然憂心忡忡，導致往往還來不及行動就退縮或裹足不前的情形，成不了大事，只能跟隨別人的腳步，表面上讓人覺得配合度極高，十分隨和，其實是一個無法擁有自我想法的背後靈。

獅子既是天生的王者之命，膽識一定比別人強，有事要勇敢出面、有麻煩要身先士卒，豪氣干雲，氣勢浩然，而雙魚遇到一點小事就被嚇得膽破心慌，恨不得立刻找個洞躲起來，只會用逃避來躲災難。

當獅子遇到雙魚時，正是發揮英雄精神的好機會，拿出義勇之氣，讓對方感覺有所依靠並漸漸認同，日後或許有特殊時機能幫上大忙。

12 星座不易被發現的隱藏性格

牡羊 習慣逞兇鬥狠的牡羊，真要哭起來，猶如天崩地裂，挺嚇人的！

金牛 肢體不靈活的金牛，如果有高人指點，有機會變身為舞林高手。

雙子 好像可以同時處理好幾件事的雙子，其實瞎忙的成分比較高。

巨蟹 多慮膽小的巨蟹，一旦犧牲奉獻，則勢如破竹、勇氣過人。

獅子 愛熱鬧的獅子，也會有不愛搭理別人的自閉傾向。

處女 表面端莊整齊的處女，在沒人看見的時候，完全不是那麼回事。

天秤 要求平衡、客觀的天秤，其實主觀的不得了。

天蠍 冷酷、疑心病重的天蠍，一被打動，就完全受對方擺布。

射手 粗線條的射手，在研究學問時，倒是十分仔細謹慎。

摩羯 拘謹嚴厲的摩羯，遇到喜歡的人，會變得非常浪漫。

水瓶 看起來不問世事的水瓶，其實對所有狀況都瞭然於胸。

雙魚 說話含糊、不具體的雙魚，心中早有答案，只是不說而已。

星座小熊 第一本星座書 獅子座
給我面子萬事扛

作　者／星座小熊，曾新惠
美術編輯／達觀製書坊
責任編輯／twohorses

企畫選書人／賈俊國

總 編 輯／賈俊國
副總編輯／蘇士尹
編　　輯／黃欣
行銷企畫／張莉滎、蕭羽猜、溫于閎

發 行 人／何飛鵬
法律顧問／元禾法律事務所王子文律師
出　　版／布克文化出版事業部
　　　　　115 台北市南港區昆陽街 16 號 4 樓
　　　　　電話：(02)2500-7008 傳真：(02)2500-7579
　　　　　Email：sbooker.service@cite.com.tw
發　　行／英屬蓋曼群島商家庭傳媒股份有限公司城邦分公司
　　　　　115 台北市南港區昆陽街 16 號 8 樓
　　　　　書虫客服服務專線：(02)2500-7718；2500-7719
　　　　　24 小時傳真專線：(02)2500-1990；2500-1991
　　　　　劃撥帳號：19863813；戶名：書虫股份有限公司
　　　　　讀者服務信箱：service@readingclub.com.tw
香港發行所／城邦（香港）出版集團有限公司
　　　　　香港九龍土瓜灣土瓜灣道 86 號順聯工業大廈 6 樓 A 室
　　　　　電話：+852-2508-6231　　傳真：+852-2578-9337
　　　　　Email：hkcite@biznetvigator.com
馬新發行所／城邦（馬新）出版集團 Cité (M) Sdn. Bhd.
　　　　　41, Jalan Radin Anum, Bandar Baru Sri Petaling,
　　　　　57000 Kuala Lumpur, Malaysia
　　　　　電話：+603- 9056-3833　　傳真：+603- 9057-6622
　　　　　Email：services@cite.my
印　　刷／韋懋實業有限公司
初　　版／2024 年 7 月
定　　價／300 元
ＩＳＢＮ／978-626-7431-27-6
ＥＩＳＢＮ／9786267431320（EPUB）

城邦讀書花園
www.cite.com.tw　布克文化 WWW.SBOOKER.COM.TW